COURS D'ÉTUDE

POUR L'INSTRUCTION

DU PRINCE DE PARME,

COURS D'ÉTUDE

POUR L'INSTRUCTION

DU PRINCE DE PARME,

AUJOURD'HUI

S. A. R. L'INFANT

D. FERDINAND,

DUC DE PARME, PLAISANCE, GUASTALLE,
&c. &c. &c.

Par M. l'Abbé de CONDILLAC, de l'Académie fran-
çoise & de celles de Berlin, de Parme & de Lyon ;
ancien Précepteur de S. A. R.

TOME QUATRIEME.

ART DE PENSER.

A PARME,
DE L'IMPRIMERIE ROYALE.

M. DCC. LXXV.

TABLE
DES MATIERES.

Tom. IV.   a 3

leur développement & de leur progrès. Mauvais raifonnements des philofophes qui attribuent à la matiere la faculté de penfer. C'eft
feulement dans l'état actuel que les fens font
la caufe de nos connoiffances , & ils n'en font
que la caufe occafionnelle. C'eft auffi uniquement dans l'état actuel , que nous pouvons nous
obferver. L'ame , après la diffolution du corps,
conferve toutes fes facultés. Trois états différents par rapport à l'ame.

CHAPITRE II.

De la caufe des erreurs des fens.

Pag. 14.

Ce ne font pas nos fens qui nous trompent , ce font des jugements , que nous formons d'après des idées qu'ils ne nous donnent
pas. Les fens ne nous font pas connoître la
nature des chofes qui font hors de nous. Comment ils nous donnent des idées. Trois chofes à diftinguer dans les fenfations. Idées
claires & diftinctes , qu'elles renferment. Ces
idées font la fource de toutes nos connoiffances. Deux fortes de vérités. Obfervations
fur les idées confufes & fur les idées diftinc-

tes, *sur les vérités contingentes & sur les vérités nécessaires.*

CHAPITRE III.

De la connoissance que nous avons de nos perceptions.

CHAPITRE IV.

Des perceptions que nous pouvons nous rappeller.

a 4

CHAPITRE V.

De la liaison des idées & de ses effets.

Pag. 31.

DES MATIERES. 7

Pouvoir de l'imagination. Cause de ce pouvoir.

CHAPITRE VI.
De la nécessité des signes.

Pag. 52.

Nécessité des signes en arithmétique. Si les nombres n'avoient pas chacun des signes, on n'en auroit pas d'idée. Les signes sont nécessaires pour se faire des idées de toute espece. Ils le sont pour se faire de plusieurs idées une idée complexe. Ils le sont par conséquent, pour déterminer l'idée que nous nous faisons d'une substance. Ils le sont encore pour déterminer les idées que nous nous faisons des êtres moraux. Combien l'usage des signes contribue à l'exercice de la réflexion & de toutes nos facultés. Mais il faut dans l'usage des signes de la clarté, de la précision & de l'ordre. Comme nous ne sommes pas capables de nous en servir toujours avec la même exactitude, nous ne le sommes pas de réfléchir toujours également bien dans tous les genres de connoissances. La justesse de notre jugement dépend de l'exactitude avec laquelle nous

nous fervons des fignes. Mais nous nous fer-
vons des mots long-temps avant de favoir
nous rendre compte des idées, que nous y
attachons. C'eft l'ufage des fignes & l'adref-
fe à s'en fervir, qui fait toute la différence
qu'on remarque entre les efprits. Pour tra-
vailler avec fuccès à l'inftruction des enfants,
il faudroit connoître parfaitement les premiers
refforts de l'efprit humain.

CHAPITRE VII.

Confirmation de ce qui a été prouvé dans
le chapitre précédent.

Pag. 68.

Muet de naiffance qui parle tout-à-coup.
Queftions qu'on auroit pu lui faire. Combien
l'exercice de fes facultés intellectuelles avoit
été borné. Jufqu'à quel point il avoit été ca-
pable de raifonnement. Il s'étoit conduit par
imitation & par habitude, plutôt que par ré-
flexion. Il ne favoit pas diftinctement ce que
c'eft que la vie, ni ce que c'eft que la mort.
De ce que nos idées ne font déterminées, que
par des fignes, il ne s'enfuit pas que nos
raifonnements ne roulent que fur des mots.

Méprises de Locke au sujet de l'usage des signes.

CHAPITRE VIII.

De la nécessité & des abus des idées générales.

Pag. 80.

Les idées abstraites font des idées partielles. Elles ne font pas innées : elles ne font pas toutes l'ouvrage de l'esprit. Les fens nous donnent des idées abstraites. Comment nous nous faisons des idées abstraites des facultés de l'ame. Comment nous nous en faisons de toutes especes. Celles où il entre des combinaisons font proprement l'ouvrage de l'esprit. Les idées générales ne font que des idées fommaires. Nous déterminons les genres & les especes d'après des connoissances souvent bien imparfaites. Les idées générales ne font nécessaires que parce que notre esprit est borné. La maniere de nous en fervir suppléé à la limitation de notre esprit. Les bêtes ont des idées abstraites. De quel fecours les idées générales font à l'esprit. On est tombé dans l'erreur de les prendre pour des êtres. Cause

CHAPITRE IX.

Des principes généraux & de la synthese.

ge qu'on doit faire des principes généraux.
Pour arriver à des découvertes, il faut dé-
composer & composer. *Abus des syllogismes.*
Comment on doit se faire des principes.

CHAPITRE X.

Des propositions identiques & des propositions instructives, ou des définitions de
mot & des définitions de chose.

Pag. 115.

*Après avoir observé nos connoissances dans
les principes généraux, il les faut observer
dans les propositions particulieres. Toute proposition vraie est une proposition identique. Comment une proposition identique peut être instructive. Une proposition, instructive pour un esprit, peut n'être qu'identique pour un autre.
Pourquoi une proposition, identique en soi,
est instructive pour nous. Pourquoi l'identité des
propositions échappe dans les sciences de calcul.
Comment on la saisit en métaphysique. Trois
sortes de définitions. Comment les définitions
de mot sont des définitions de chose. Recherches inutiles des logiciens.*

CHAPITRE XI.

De notre ignorance fur les idées de fubftance, de corps, d'efpace, & de durée.

Pag. 124.

Nous ne connôiſſons le ſujet de nos ſenſations que par les ſenſations qu'il éprouve. Nous ne connoiſſons les corps que par les qualités, dont nous les revêtiſſons. L'étendue & le mouvement ſont deux phénomenes, que tous les autres ſuppoſent. Ces phénomenes ne font pas connoître la réalité des choſes. Erreur des philoſophes à ce ſujet. Idée qu'on ſe fait de la durée & de l'étendue. Jugement de Deſcartes & de Newton ſur l'étendue. Jugement de Locke ſur la durée. La durée n'offre rien d'abſolu. Si l'ame penſe toujours.

CHAPITRE XII.

De l'idée qu'on a cru ſe faire de l'infini.

Pag. 134.

Nous n'avons point d'idée de l'infini. Pour

avoir l'idée d'un nombre fini , il n'est pas nécessaire d'avoir l'idée d'un nombre infini. Parce que nous avons l'idée d'un nombre auquel
on peut toujours ajouter , nous croyons avoir
celle d'un nombre infini. Nous croyons avoir
cette idée , parce que nous lui avons donné
un nom. Pour reconnoître ces méprises , il
suffit de réfléchir sur la génération des idées
des nombres. Les philosophes voient l'infini
par-tout. Comment nous imaginons , que la
matiere est divisible à l'infini. Nous n'en pouvons pas conclure qu'elle le soit.

CHAPITRE XIII.

Des idées simples & des idées complexes.

Pag. 149.

Toute perception est une idée simple. Différentes especes d'idées complexes. Comment
on connoît les idées simples. Pour connoître
les idées complexes , il les faut analyser. Inutilité des définitions que donnent les philosophes. Défaut de quelques définitions , que
donnent les géometres. L'analyse est beaucoup
plus propre à donner des idées. Observations
sur les idées simples & sur les idées complexes.

CONCLUSION.

SECONDE PARTIE.

CHAPITRE I.

De la premiere cause des erreurs.

dé. *Elle eft l'unique caufe de nos erreurs. Elle nous indique la fource des vraies connoif- fances.*

CHAPITRE II.

De la maniere de déterminer les idées ou leurs noms.

Pag. 161.

Pour parler avec exactitude, il ne faut pas s'affujettir à parler toujours comme l'ufage. Comment les circonftances peuvent déterminer le fens des mots. Les mots dont fe fervent les favants ne font pas les plus faciles à dé- terminer. Les noms des idées fimples ont une fignification déterminée. Comment on peut dé- terminer la fignification des noms des idées complexes. Précaution qu'il faut prendre. Il faut remonter à l'origine des idées complexes. Il les faut refaire avec beaucoup d'ordre. Deux fortes d'idées complexes. Comment nous de- vons former les idées des fubftances. Com- ment on détermine les notions des êtres mo- raux. Différence entre les notions des fubf- tances & les notions des êtres moraux. Il ne tient qu'à nous de fixer la fignification des mots.

Tom. IV.　　　　　　　b

CHAPITRE III.

De l'art de foutenir & de conduire fon attention & fa réflexion.

Pag. 180.

*L'expérience eft fujette à nous tromper,
fur-tout dans les chofes de fpéculation. Notre réflexion s'occupe des fenfations que nous
avons ou de celles que nous avons eues. En
faifant des abftractions, elle fe fait des idées
intellectuelles. Nous ne faurions réfléchir fans
nous occuper de quelques idées intellectuelles.
Si les idées intellectuelles que la mémoire retrace, font mal faites, nous jugeons mal. Il
faut donc s'affurer de la précifion des idées
que nous confions à notre mémoire, & alors
il ne refte plus qu'à favoir foutenir & conduire fa réflexion. Comment les fens la foutiennent. Comment ils la diftraient. Ils ne
font pas un obftacle à la réflexion. On peut
méditer dans le bruit comme dans le filence.
Ce font les fenfations inopinées qui nuifent à
la réflexion. Les fens & l'imagination aident
la réflexion. Il s'agit feulement d'écarter les
idées qui n'ont pas affez de rapport avec celles, dont nous voulons nous occuper. Moyens*

propres à cet effet. Il faut s'observer, pour apprendre à conduire sa réflexion. Les hommes de génie auroient rendu un grand service, s'ils avoient donné l'histoire des progrès de leur esprit. Pourquoi les mathématiciens sont ceux qui connoissent le mieux l'art de conduire la réflexion.

CHAPITRE IV.

De l'analyse.

Pag. 191.

Conditions nécessaires à l'analyse. Avantages de cette méthode. Analyse complette & analyse incomplette. Les analyses complettes nous donnent des connoissances absolues. Les analyses incomplettes nous donnent des connoissances relatives. L'analyse fait connoître les facultés de l'ame & leur génération. Si on ne sait pas analyser, on raisonne sans clarté & sans précision. Il y a des rapports que l'analyse ne peut pas apprécier. En quoi consiste la force des démonstrations mathématiques. Méprise à ce sujet.

CHAPITRE V.

De l'ordre qu'on doit suivre dans la recherche de la vérité.

Pag. 200.

La même méthode qui a conduit à une découverte, peut conduire à d'autres. Méthode qui réuffit en arithmétique. Une pareille méthode réuffiroit également dans les autres fciences. Comment on pourroit l'employer. Avantages qui en réfulteroient. Elle garantiroit de bien des erreurs. Les philofophes ne fe font trompés, que parce qu'ils ne l'ont pas connue. Le doute de Defcartes eft inutile, & même impraticable. Les idées que Defcartes appelle fimples, ne font pas celles par où il faut commencer. Il ne faut pas non plus commencer par des définitions. L'ordre analytique eft celui des découvertes.

CHAPITRE VI.

Comment on peut fe rendre propre aux découvertes.

Pag. 211.

Il faut fe rendre compte des idées qu'on a,

& les confidérer dans le point de vue, où elles
doivent avoir la plus grande liaifon avec celles
qu'on cherche. Cette plus grande liaifon fe trouve dans l'ordre de leur génération.   Exemple.
Avec quelle précaution on doit avancer dans fes
recherches.   La liaifon des idées eft l'unique caufe des progrès de l'efprit humain.

CHAPITRE VII.

De l'ordre qu'on doit fuivre dans l'expofition de la vérité.

Pag. 215.

L'art fe cache à force d'art.   L'ordre naturel
à la chofe qu'on traite, eft celui qu'on doit choifir. Pourquoi l'ordre plaît. Pourquoi le défaut
d'ordre plaît quelquefois.   Ce qu'il faut éviter
pour avoir de l'ordre.   Ce qu'il faudroit faire.
L'ordre dans lequel la vérité doit être expofée,
eft celui dans lequel elle a été trouvée. La nature
indique elle-même cet ordre. Les philofophes ne
le fuivent pas. Bacon eft le philofophe qui a le
mieux connu la caufe de nos erreurs. Conclufion
de cet ouvrage.

FIN de la Table du Tom. IV.

COURS D'ÉTUDE

POUR L'INSTRUCTION

DU PRINCE DE PARME.

DE L'ART DE PENSER.

LE germe de l'art de penſer eſt dans nos ſenſations : les beſoins le font éclore, le développement en eſt rapide, & la penſée eſt formée preſque au moment qu'elle commence : car ſentir des beſoins, c'eſt ſentir des deſirs, & dès qu'on a des deſirs, on eſt doué d'attention & de mémoire : on compare, on juge, on raiſonne. Vous voyez donc, Mon-

Il faut à la penſée de l'ac croiſſement , de la nourri ture & de l'a tion.

Tom. IV.   A

seigneur, que la penſée ſe compoſe tout-à-
coup de toutes les facultés dont nous avons
fait l'analyſe : mais ces facultés ont dans les
commencements peu d'exercice ; & la penſée, foible encore, a beſoin de croître & de
ſe fortifier.

Trois choſes ſont néceſſaires dans un
animal aux progrès de ſon accroiſſement
& de ſes forces. Premierement, il faut
qu'il ſoit organiſé pour croître & pour ſe
fortifier : en ſecond lieu, il faut qu'il ſe
nourriſſe d'aliments ſains : enfin, il faut
qu'il agiſſe, ſouvent juſqu'à ſe fatiguer, &
qu'il ne prenne du repos que pour agir encore.

Ainſi la penſée croît & ſe fortifie, parce
qu'elle eſt, en quelque ſorte, organiſée pour
croître & pour ſe fortifier, parce qu'elle ſe
nourrit, & parce qu'elle agit.

Elle a, dans les organes mêmes des ſenſations, tout ce qui la rend propre à prendre de l'accroiſſement & des forces : il ne
lui faut plus que de la nourriture & de l'action.

Les connoiſſances en ſont l'aliment : mais

au défaut de connoissances, elle se nourrit
d'idées vagues, d'opinions, de préjugés &
d'erreurs; & alors elle se fortifie, comme un
animal qu'on nourriroit avec des aliments
mal-sains & empoisonnés. Toujours foible,
toujours incapable d'action, uniquement mue
par des impressions étrangeres, elle reste comme
enveloppée dans les organes, & elle se trouve
embarrassée de ses facultés qu'elle ne sait pas
conduire.

Cette inertie, telle que je la dépeins, ne
peut, à la vérité, avoir lieu, que lorsque nous
supposons des hommes tout-à-fait imbécil-
les. Dans les autres, la pensée a nécessairement pris des forces, puisqu'ils ont acquis
des connoissances : cependant la différence
n'est que du plus au moins. Si on n'est pas
tout-à-fait imbécille, on peut l'être à certains égards ; & on l'est toutes les fois
que la pensée se nourrit sans choix de tout
ce qui s'offre à elle, & que passive plutôt qu'active, elle se meut au hasard. Il
faut donc s'assurer des connoissances qui
sont l'aliment sain de la pensée ; il faut étudier les facultés, dont l'action est nécessaire
au progrès de ses forces ; & quand nous
saurons comment elle doit se nourrir, comment elle doit agir, comment elle doit se

A 2

conduite, nous connoîtrons l'art de penser. Vous en favez, Monfeigneur, déja quelque chofe : mais il nous refte encore des obfervations à faire fur l'origine & la génération des idées, fur les facultés de l'entendement, & fur la méthode. Ce fera le fujet de cet ouvrage.

PREMIERE PARTIE.

De nos idées & de leurs causes.

CHAPITRE PREMIER.

De l'ame suivant les différents systê-mes où elle peut se trouver.

Soit que nous nous élevions jusques dans les cieux, soit que nous descendions jusques dans les abymes, nous ne sortons point de nous mêmes ; ce n'est jamais que notre propre pensée que nous appercevons, & nous trouvons dans nos sensations l'origine de toutes nos connoissances & de toutes nos facultés.

Nos sensations sont l'origine de toutes nos connoissances.

A

Il feroit inutile de demander quelle eft la nature de nos fenfations : nous n'avons aucun moyen pour faire cette recherche : nous ne les connoiffons que parce que nous les éprouvons. C'eft un principe, dont nous ne pouvons pas découvrir la caufe, mais dont nous pouvons obferver les effets. Il doit fon activité aux befoins, auxquels nous fommes affujettis ; & fa fécondité aux circonftances par où nous paffons, & qui augmentent le nombre de nos befoins. Les plus favorables font celles qui nous offrent des objets plus propres à exercer notre réflexion. Les grandes circonftances, où fe trouvent ceux qui gouvernent les hommes, font, par exemple, une occafion de fe faire des vues fort étendues ; & celles qui fe répétent continuellement dans le grand monde, donnent cette forte d'efprit qu'on appelle naturel ; parce qu'on ne remarque pas les caufes qui le produifent.

Le péché originel a rendu l'ame fi dépendante du corps, que bien des philofophes, confondant ces deux fubftances, on cru que la premiere n'eft que ce qu'il y a dans le corps de plus délié, de plus fubtil, & de plus capable de mouvement : mais ces philofophes ne raifonnent pas, ils imaginent feulement quelque chofe, & chaque mot qu'ils prononcent, prouve qu'ils fe font des idées peu exac-

(marginalia gauche :) Nos befoins font la caufe de leur développement & de leur progrès.

(marginalia gauche :) Mauvais raifonnements des philofophes qui attribuent à la matiere la faculté de penfer.

tes. Leur suffit-il de subtiliser le corps, pour comprendre qu'il est le sujet de la pensée ? Sur quoi se fondent-ils, lorsqu'ils assurent que des parties de matiere, pour être plus subtiles, en sont plus capables de mouvement ? & quel rapport peuvent-ils trouver entre être mu & penser ? Qu'est-ce encore que des parties subtiles ? Y a-t-il des corps subtils en soi ? & ceux qui nous échappent aujourd'hui, ne seroient-ils pas grossiers, si nous avions d'autres organes ? enfin qu'est-ce qu'un amas, un assemblage de parties subtiles ? Un amas, un assemblage ! est-ce une chose qui existe ? Non, sans doute : l'existence ne convient qu'aux parties subtiles, qu'on suppose amassées, ou assemblées. Par conséquent attribuer la faculté de penser à un amas, c'est l'attribuer à quelque chose qui n'existe pas.

Comme les philosophes donnent cette faculté à quelque chose qui n'existe pas, il leur arrive encore d'entendre par le mot *pensée* une chose qui n'existe pas davantage. De quelle couleur est la pensée, demandent-ils, pour être entrée dans l'ame par la vue ? de quelle odeur, pour être entrée par l'odorat ? Est-elle d'un son grave ou aigu, pour être entrée par l'ouie, &c. Ils ne feroient pas ces questions, si par le mot *pensée* ils entendoient telle ou telle sensation, telle ou telle idée : mais ils consi-

A 4

dèrent la penſée d'une maniere abſtraite & générale ; & ils en concluent avec raiſon que
cette penſée n'appartient à aucun ſens : c'eſt
ainſi que l'homme en général n'appartient à
aucun pays.

Quand on raiſonne ſur des idées auſſi vagues, on ne prouve rien. Cependant on voit
confuſément quelque rapport entre une penſée abſtraite qui échappe aux ſens, & une
matiere ſubtile qui leur échappe également ; &
auſſitôt le mot *amas*, qui n'eſt lui-même qu'un
terme abſtrait, paroît montrer le ſujet de cette
penſée abſtraite. Sans ſonger donc à ſe rendre
un compte exact des raiſonnements qu'on fait,
on dit, *un amas de matiere ſubtile peut penſer.*

C'eſt ſeule-
ment dans l'é-
tat actuel que
les ſens ſont
la cauſe de nos
connoiſſan-
ces, & ils n'en
ſont que la
cauſe occa-
ſionnelle.

Nous avons mis plus de préciſion dans nos
raiſonnements, lorſque nous avons conſidéré
la penſée dans chaque ſenſation. En effet, pour
démontrer que le corps ne penſe pas, il ſuffit d'obſerver qu'il y a en nous quelque choſe
qui compare les perceptions qui nous viennent
par les ſens. Or, ce n'eſt certainement pas la
vue, qui compare les ſenſations qu'elle a avec
celles de l'ouie qu'elle n'a pas. Il en faut dire autant de l'ouie, autant de l'odorat, autant du
goût, autant du toucher. Toutes ces ſenſations
ont donc en nous un point où elles ſe réuniſſent. Mais ce point ne peut être qu'une ſubſ-

tance simple, indivisible, une substance distincte du corps, une ame, en un mot.

L'ame étant distincte & différente du corps, celui-ci ne peut être que cause occasionnelle de ce qu'il paroît produire en elle. D'où il faut conclure que nos sens ne sont qu'occasionnellement la source de nos connoissances. Mais ce qui se fait à l'occasion d'une chose, peut se faire sans elle ; parce qu'un effet ne dépend de sa cause occasionnelle que dans une certaine hypothese. L'ame peut donc absolument, sans le secours des sens, acquérir des connoissances. Avant le péché, elle étoit dans un système tout différent de celui où elle se trouve aujourd'hui. Exempte d'ignorance & de concupiscence, elle commandoit à ses sens, en suspendoit l'action, & la modifioit à son gré. Elle avoit donc des idées antérieures à l'usage des sens. Mais les choses ont changé par sa désobéissance. Dieu lui a ôté tout cet empire : elle est devenue aussi dépendante des sens, que s'ils étoient la cause proprement dite de ce qu'ils ne font qu'occasionner ; & il n'y a plus pour elle de connoissances que celles qu'ils lui transmettent. De là l'ignorance & la concupiscence. C'est cet état de l'ame que je me propose d'étudier ; le seul qui puisse être l'objet de la philosophie, puisque c'eſt le ſeul que l'expérience fait connoître. Ainſi, quand je dirai *que nous n'avons point d'idées qui ne nous viennent des ſens*, il faut bien ſe ſouvenir que je ne parle que de l'état où nous ſommes depuis le péché. Cette propoſition appliquée à l'ame dans l'état d'innocence ou après ſa ſéparation du corps, ſeroit tout-à-fait fauſſe. Je ne traite pas des connoiſſances de l'ame dans ces deux derniers états; parce que je ne ſais raiſonner que d'après l'expérience. D'ailleurs s'il nous importe beaucoup, comme on n'en ſauroit douter, de connoître les facultés, dont Dieu, malgré le péché de notre premier pere, nous a conſervé l'uſage ; il eſt inutile de vouloir deviner celles qu'il nous a enlevées, & qu'il ne doit nous rendre qu'après cette vie.

C'eſt auſſi uniquement dans l'état actuel, que nous pouvons nous obſerver.

Je me borne donc, encore un coup, à l'état préſent. Ainſi il ne s'agit pas de conſidérer l'ame comme indépendante du corps, puiſque ſa dépendance n'eſt que trop bien conſtatée ; ni comme unie à un corps dans un ſyſtème différent de celui où nous ſommes. Notre unique objet doit être de conſulter l'expérience, & de ne raiſonner que d'après des faits que perſonne ne puiſſe révoquer en doute.

L'ame, après

Si on objecte que dans la ſuppoſition où

toutes nos idées & toutes nos facultés naiſſent des ſenſations, il s'enſuit que la diſſo-
lution du corps enleve à l'ame toutes ſes idées
& toutes ſes facultés ; je réponds que le ſyſtême dans lequel elle jouit aujourd'hui d'une
liberté qui la rend capable de mérite & de
démérite, démontre qu'elle exiſtera dans un
autre ſyſtême , où elle ſe trouvera avec toutes
ſes facultés , pour être récompenſée ou pour
être punie. Alors Dieu ſuppléera au défaut des
ſens par des moyens qui nous ſont inconnus.
Aſſurés par la foi & par la raiſon de l'immor-
talité de l'ame , nous ne devons pas porter
notre curioſité plus loin : ce n'eſt pas à nous
à pénétrer dans le voies du Créateur.

L'hypotheſe des idées innées a la même difficulté à réſoudre. Car dans l'impuiſſance où
nous ſommes de découvrir en nous des idées
où les ſenſations n'entrent pour rien ; on eſt
obligé de reconnoître que l'ame ne porte ſon
attention ſur les idées prétendues innées , qu'autant qu'elle y eſt déterminée par l'action des
ſens. Quand elle ſera ſéparée du corps , elle
n'exercera donc plus ſon attention; & ne l'exerçant plus , ſes idées ſeront pour elle comme
ſi elles n'exiſtoient pas.

Ainſi , quelque ſentiment qu'on embraſſe
ſur l'origine de nos connoiſſances, il faut re-

rapport à l'a-
me.

connoître trois états différents par rapport à
l'ame. L'un, où elle commandoit aux sens, &
où elle avoit des idées qu'elle ne devoit qu'à
elle ; l'autre dans lequel, selon moi, elle tire
toutes ses connoissances & toutes ses facultés
des sensations, ou du moins dans lequel ●●
a besoin, selon d'autres, de l'usage des sens,
pour porter son attention sur ses idées qu'on
suppose innées. C'est celui où nous nous trouvons , & c'est le seul sur lequel nous puissions raisonner. Le troisieme enfin est celui
où elle sera après cette vie. La foi le promet,
la raison le prouve, & nous ne devons pas le
soumettre à nos conjectures.

CHAPITRE II.

De la caufe des erreurs des fens.

Dès la naiffance de la philofophie, on a déclamé contre les fens ; & parce qu'ils nous font tomber dans des méprifes, on a conclu que nous ne faurions leur devoir aucune de nos connoiffances. Ce qu'il y a de vrai, c'eft qu'ils font à la fois une fource de vérités & une fource d'erreurs ; il ne s'agit que d'en favoir faire ufage.

Ce ne font pas nos fens qui nous trompent, ce font des jugemens, que nous formons d'après des idées qu'ils ne nous donnent pas.

Il eft d'abord bien certain que rien n'eft plus clair & plus diftinct que notre perception, quand nous éprouvons quelques fenfations. Quoi de plus clair, que les perceptions de fon, de couleur & de folidité ? Quoi de plus diftinct ? Nous eft-il jamais arrivé de confondre deux de ces chofes ? Mais fi nous en voulons rechercher la nature, & favoir comment elles fe produifent en nous, il ne faut pas dire que nos sens nous trompent, ou qu'ils nous donnent des idées obscures & confuses : la moindre réflexion fait voir qu'ils n'en donnent aucune. Nous ne connoissons ni la nature de nos organes, ni celles des objets qui agissent sur eux , ni le rapport qui peut se trouver entre un mouvement dans le corps & un sentiment dans l'ame : si nous nous trompons en jugeant de ces choses , ce ne sont pas les sens qui nous égarent , c'est que nous jugeons d'après des idées vagues qu'ils ne nous donnent pas , & qu'ils ne peuvent nous donner.

De même accoutumés de bonne heure à nous dépouiller de nos sensations pour en revêtir les objets, nous ne nous bornons pas à juger que nous avons des sensations, nous jugeons encore qu'elles sont hors de nous. Mais cette erreur n'est que dans les jugements dont nous nous sommes fait une habitude. Elle ne porte que sur des idées confuses , puisque nous ne saurions concevoir dans les objets quelque chose de semblable à ce que nous éprouvons.

Les sens ne nous font pas connoître la nature des

En effet qu'est-ce que cette étendue dont on pense que les sens donnent une idée si exacte ? Peut-on chercher à s'en rendre raison, & ne pas s'appercevoir que l'idée en est tout:

à-fait obscure ? C'est , dit-on , ce qui a des par- choses qui sont hors de nous.
ties les unes hors des autres. Mais ces parties
elles-mêmes sont-elles étendues ? Comment le
sont-elles ? Ne le sont-elles pas ? comment pro-
duisent-elles le phénomene de l'étendue ? (*a*)

L'ordre de nos sensations nous met continuellement dans la nécessité de sortir hors de
nous ; il démontre que nous existons au milieu d'une multitude infinie d'êtres différents :
mais cet ordre ne fait pas connoître la nature de ces êtres, il n'offre que les phénomenes qui résultent de nos sensations ; phénomenes qui correspondent au système des êtres
réels , dont cet univers est formé.

Si nous passons à la grandeur des corps , Comment ils nous donnent des idées.
nous n'en avons point d'idée absolue : nous
ne saisissons entre eux que des rapports ; encore
les connoissons-nous imparfaitement. Nous ne
pouvons même juger sûrement de leur figure.
Je ne m'arrêterai pas à démontrer les erreurs
où nous tombons à ce sujet : elles sont parfaitement démêlées dans la *recherche de la vé-*

(*) Ce sont ces considérations qui ont fait penser à
Leibnitz que l'étendue est un phénomene de la même espece
que ceux de son, de couleur, &c.

rité. Mais quoique nous ne puiffions juger ni de la véritable figure d'un corps , ni de fa grandeur abfolue, les fens nous donnent cependant des idées de grandeur & de figure. Je ne fais pas fi cette ligne eft droite, mais je la vois droite : je ne fais pas fi ce corps eft quarré, mais je le vois quarré : j'ai donc, par les fens, les idées de quarré & de ligne droite. Il en faut dire autant de toutes fortes de figures.

Ainfi quelle que foit la nature de nos fenfations, de quelque maniere qu'elles fe produifent, fi nous y cherchons l'idée de l'étendue, celle d'une ligne, d'un angle, &c. il eft certain que nous l'y trouverons très clairement & très diftinctement. Si nous cherchons encore à quoi nous rapportons cette étendue & ces figures ; nous appercevrons auffi clairement & auffi diftinctement que ce n'eft pas à nous, ou à ce qui eft en nous le fujet de la penfée , mais à quelque chofe hors de nous.

Il y a donc trois chofes à diftinguer dans nos fenfations : 1°. La perception que nous éprouvons. 2°. Le rapport que nous en faifons à quelque chofe hors de nous. 3°. Le jugement que ce que nous rapportons aux chofes leur appartient en effet.

Trois chofes à diftinguer dans les fenfations.

11

Il n'y a ni erreur, ni obſcurité, ni confuſion dans ce qui ſe paſſe en nous, non plus
que dans le rapport que nous en faiſons au-
dehors. Si nous réfléchiſſons, par exemple,
que nous avons les idées d'une certaine grandeur & d'une certaine figure, & que nous les
rapportons à tel corps; il n'y a rien là qui
ne ſoit vrai, clair & diſtinct. Voilà où toutes les vérités ont leur ſource. Si l'erreur
ſurvient, ce n'eſt qu'autant que nous jugeons
que telle grandeur & telle figure appartiennent en effet à tel corps. Si, par exemple,
je vois de loin un bâtiment quarré, il me
paroîtra rond. Y a-t-il donc de l'obſcurité &
de la confuſion dans l'idée de rondeur, ou
dans le rapport que j'en fais? non : je juge ce
bâtiment rond, voilà l'erreur.

Quand je dis donc que toutes nos connoiſſances viennent des ſens, il ne faut pas oublier que ce n'eſt qu'autant qu'on les tire de
ces idées claires & diſtinctes qu'ils renferment.
Il eſt évident que j'ai l'idée d'un triangle,
lors même que je ne puis pas aſſurer qu'un
corps que je vois & que je touche eſt en
effet triangulaire. Ainſi pour diſſiper l'obſcurité & l'incertitude des idées ſenſibles, nous
n'avons qu'à les conſidérer en faiſant abſtraction des corps : alors nous trouverons dans

Marginalia: Idées claires & diſtinctes qu'elles renferment.

Marginalia: Ces idées ſont la ſource de toutes nos connoiſſances

Tom. IV. B

nos fenfations des idées exactes de grandeur, de figure, leurs rapports & toutes les connoiffances des mathématiques. D'autres abftractions nous feront découvrir dans nos fenfations, les idées de devoir, de vertu, de vice & toute la fcience de la morale, &c.

Deux fortes de vérités. La vérité n'eft qu'un rapport apperçu entre deux idées ; & il y a deux fortes de vérités. Quand je dis, *cet arbre eft plus grand que cet autre*, je porte un jugement qui peut ceffer d'être vrai, parce que le plus petit peut devenir le plus grand. Il en eft de même de tous nos jugements, lorfque nous nous bornons à obferver des qualités qui ne font pas effentielles aux chofes. Ces fortes de vérités fe nomment *contingentes*.

Mais ce qui eft vrai, ne peut ceffer de l'être, lorfque nous raifonnons fur des qualités effentielles aux objets que nous étudions. L'idée d'un triangle repréfentera éternellement un triangle, l'idée de deux angles droits repréfentera éternellement deux angles droits : il fera donc toujours vrai que les trois angles d'un triangle font égaux à deux droits. Voilà tout le myftere des vérités, qu'on appelle *néceffaires* & *éternelles*. C'eft par le moyen de quelques abftractions que les fens nous en donnent la connoiffance.

Il y a des différences à remarquer entre les idées confuses & les idées distinctes, entre les vérités contingentes, & les vérités néces-saires.

Premierement les idées confuses & les vé-rités contingentes sont plus sensibles; & cela n'est pas étonnant, puisqu'elles sont telles que les sens nous les donnent, lorsque nous ne faisons point d'abstraction. Les idées distinc-tes & les vérités nécessaires sont moins sen-sibles; parce que nous ne les acquérons qu'en formant des abstractions, c'est-à-dire, en ne donnant notre attention qu'à une partie des idées que les sens transmettent.

En second lieu, les idées distinctes & les vérités nécessaires nous sont bien moins fami-lieres, que les idées confuses & les vérités con-tingentes : la raison en est sensible. Celles-ci sont continuellement renouvellées par les sens, elles nous frappent par plus d'endroits ; & comme elles sont destinées à nous éclairer sur nos besoins les plus pressants, elles offrent communément des degrés plus vifs de plaisirs ou de peine, elles intéressent davantage. Mais celles-là ne sont entretenues que par les ef-forts qu'on fait pour se soustraire à une par-tie des impressions des sens ; elles nous tou-

B 2

chent par moins d'endroits. La curiosité, l'envie de se diftinguer par des connoiffances ,
motifs qui foutiennent dans ces recherches ,
font des befoins que peu d'hommes connoiffent. Ceux mêmes qui les fentent davantage,
font encore plus fenfibles à d'autres befoins ;
& ils fe voient fouvent arrachés à leurs méditations, par l'empire que les fens exercent
fur eux.

Il faut donc s'accoutumer de bonne heure
avec ces fortes d'idées , fi l'on veut fe les rendre familieres, & il faut s'en occuper fouvent.

En troifieme lieu , les idées confufes, &
les vérités contingentes , quoique fuffifantes
pour nous éclairer fur ce que nous devons
fuir & rechecher, ne répandent qu'une lumiere
bien foible. Elles n'offrent que des rapports
vagues , elles n'apprécient rien. Mais l'objet de
notre confervation ne demande pas des connoiffances plus exactes : nous fentons, c'eft affez
pour nous conduire.

Les idées diftinctes & les vérités néceffai-
tes nous préfentent au contraire des connoiffances exactes & des rapports appréciés. Elles
dévoilent l'effence des chofes qu'elles confi-
derent, elles en développent les propriétés.

C'est ce qu'on voit en mathématiques, en morale, & en métaphysique. Mais l'objet de ces sciences est abstrait.

Nous n'avons aucun moyen pour pénétrer dans la nature des substances. Nous ne le pouvons pas avec le secours des sens, puisqu'ils ne nous font voir que des amas de qualités, qui supposent toutes quelque chose que nous ne connoissons pas : nous ne le pouvons pas avec le secours des abstractions, qui n'ont d'autre avantage, que de nous faire observer l'une après l'autre les qualités que les sens nous offrent à la fois. Si nous voulons juger des essences des choses sensibles, nous ne pouvons donc que nous tromper.

CHAPITRE III.

De la connoiffance que nous avons de nos perceptions.

Les objets agiroient inutilement fur les fens, & l'ame n'en prendroit jamais connoiffance, fi elle n'en avoit pas la perception. Ainfi le premier & le moindre degré de connoiffance c'eft d'appercevoir.

Mais puifque la perception ne vient qu'à la fuite des impreffions qui fe font fur les fens, il eft certain que ce premier degré de connoiffance doit avoir plus ou moins d'éten-due, felon qu'on eft organifé pour recevoir plus ou moins de fenfations différentes. Prenez des créatures qui foient privées de la vue; d'autres qui le foient de la vue & de l'ouie, & ainfi fucceffivement; vous aurez bientôt des créatures, qui étant privées de tous les fens, ne recevront aucune connoiffance. Suppofez au contraire, s'il eft poffible, de nouveaux fens dans des animaux plus parfaits que l'homme. Que de perceptions nouvelles ! Par conféquent, combien de connoiffances à leur portée, auxquelles nous ne faurions atteindre, & fur lefquelles nous ne faurions même former des conjectures.

On feroit naturellement porté à croire que nous ne fommes pas toujours avertis de la préfence des perceptions qui fe font en nous ; c'eft que fouvent nous le fommes fi foiblement, qu'à peine nous fouvenons-nous de les avoir éprouvées. Il nous arrive même de les oublier tout-à-fait, & ce n'eft qu'en réfléchiffant fur les fituations où nous nous fommes trouvés, que nous jugeons des impreffions qu'elles ont dû faire fur notre ame. Or, fi par la confcience d'une perception on entend une connoiffance réfléchie qui en fixe le fouvenir, il eft évident que la plupart de nos perceptions échappent à notre confcience : mais fi on entend par-là une connoiffance, qui, quoique trop légere pour laiffer des traces après elle, eft cependant capable d'influer, & influe en effet fur notre conduite, au moment que la perception fe fait éprouver, il n'eft pas douteux que nous n'ayons confcience de toutes nos perceptions. Des exemples éclairciront ma penfée.

Comment des perceptions, que nous ne remarquons pas, influent dans notre conduite.

B 4

Que quelqu'un foit dans un fpectacle, où
une multitude d'objets paroiffent fe difputer
fes regards, fon ame fera affaillie de quantité
de perceptions, dont il eft conftant qu'elle
prend connoiffance; mais peu à peu quelques-
unes lui plairont & l'intérefferont davantage :
il s'y livrera donc plus volontiers. Dès-lors
il commencera à être moins affecté par les
autres : la confcience en diminuera même infenfiblement, jufqu'au point que, quand il re-
viendra à lui, il ne fe fouviendra pas d'en
avoir pris connoiffance : l'illufion qui fe fait
au théâtre, en eft la preuve. Il y a des moments, où la confcience ne paroît pas fe par-
tager entre l'action qui fe paffe & le refte du
fpectacle. Il fembleroit d'abord que l'illufion
devroit être d'autant plus vive, qu'il y auroit moins d'objets capables de diftraire : cependant chacun a pu remarquer qu'on n'eft
jamais plus porté à fe croire le feul témoin
d'une fcene intéreffante, que quand le fpectacle eft bien rempli. C'eft peut-être que le
nombre, la variété, & la magnificence des
objets remuent les fens, échauffent, élevent
l'imagination, & par-là nous rendent plus
propres aux impreffions que le poëte veut faire
naître. Peut-être encore que les fpectateurs fe
portent mutuellement, par l'exemple, qu'ils fe
donnent, à fixer la vue fur la fcene. Quoi-

qu'il en foit, il me femble que l'illufion fe
détruiroit ou diminueroit fenfiblement, fi les
objets dont on ne croit pas s'appercevoir, cef-
foient d'y concourir.

Qu'on réfléchiffe fur foi-même au fortir
d'une lecture, il femblera qu'on n'a eu confcience que des idées qu'elle a fait naître. Mais
on ne fe laiffera pas tromper par cette apparence, fi on fait réflexion que fans la confcience de la perception des lettres, on n'en
auroit point eu de celle des mots, ni, par
conféquent, de celle des idées.

Non-feulement nous oublions ordinairement
une partie de nos perceptions, mais quelquefois nous les oublions toutes. Quand nous ne
fixons point notre attention, en forte que
nous recevons les perceptions qui fe produifent en nous, fans être plus avertis des unes
que des autres, la confcience en eft fi légere,
que fi l'on nous retire de cet état, nous ne
nous fouvenons pas d'en avoir éprouvé. Je
fuppofe qu'on me préfente un tableau fort compofé, dont à la premiere vue les parties ne me
frappent pas plus vivement les unes que les
autres, & qu'on me l'enleve avant que j'aie
eu le temps de le confidérer en détail : il eft
certain qu'il n'y a aucune de fes parties fen-

*Nous ne re-
marquons pas
le plus grand
nombre de
nos percep-
tions.*

fibles , qui n'ait produit en moi des perceptions ; mais la confcience en a été fi foible ,
que je ne puis m'en fouvenir. Cet oubli ne
vient pas de leur peu de durée : quand on fup-
poferoit que j'ai eu pendant long-temps les yeux
attachés fur ce tableau ; pourvu qu'on ajoute que
je n'ai pas rendu tour-à-tour plus vive la confcience des perceptions de chaque partie, je ne
ferai pas plus en état au bout de plufieurs heures d'en rendre compte , qu'au premier inftant.

Ce qui fe trouve vrai des perceptions
qu'occafionne ce tableau , doit l'être par la
même raifon de celles que produifent les objets qui m'environnent. Si agiffant fur les fens
avec des forces prefqu'égales , ils produifent
en moi des perceptions toutes à peu-près dans
un pareil degré de vivacité ; & fi mon ame
fe laiffe aller à leur impreffion fans chercher
à avoir plus confcience d'une perception que
d'une autre , il ne me reftera aucun fouvenir
de ce qui s'eft paffé en moi. Il me femblera
que mon ame à été pendant tout ce temps dans
une efpece d'affoupiffement , où elle n'étoit
occupée d'aucune penfée. Que cet état dure
plufieurs heures , ou feulement quelques fe-
condes , je n'en faurois remarquer la différence
dans la fuite des perceptions que j'ai éprouvées , puifqu'elles font également oubliées

dans l'un & l'autre cas. Si même on le faisoit durer des jours, des mois, ou des années ; il arriveroit que quand on en forti-
roit par quelque fenfation vive, on ne fe rap-
pelleroit plufieurs années que comme un moment.

Enfin nous ne remarquons pas que nous
fommes avertis de la préfence de la plupart
des perceptions, qui regle les actions que nous
faifons par habitude. Elles font en nous, &
notre réflexion n'a point de prife fur elles.
La confcience de nos perceptions n'eft donc
plus ou moins vive, qu'à proportion qu'elles
attirent plus particulierement notre attention :
combien de fois ne fermons-nous pas la pau-
piere, fans nous appercevoir que nous fommes dans les ténebres ?

CHAPITRE IV.

Des perceptions que nous pouvons nous rappeller.

IL ne dépend pas de nous de réveiller tou-jours les perceptions que nous avons éprou-vées, & dont nous avons eu une confcience affez vive pour en fixer le fouvenir. Il y a des occafions où tous nos efforts fe bornent à en rappeller le nom, quelques-unes des circonftances qui les ont accompagnées, & une idée abftraite de perception : idée que nous pouvons former à chaque inftant, par-ce que nous ne penfons jamais fans avoir confcience de quelque perception qu'il ne tient qu'à nous de généralifer. Qu'on fon-ge, par exemple, à une fleur dont l'odeur eft peu familiere ; on s'en rappellera le nom ; on fe fouviendra des circonftances où on l'a vue ; ou s'en repréfentera le parfum fous l'idée générale d'une perception qui affecte l'odorat : mais on n'en réveillera pas la perception même.

Les idées d'étendue font celles que nous réveillons le plus aifément, parce que les fenfations d'où nous les tirons, font telles, que, tant que nous veillons, il nous eft impoffible de nous en féparer. Le goût & l'odorat peuvent n'être point affectés ; nous pouvons n'entendre aucun fon, & ne voir aucune couleur: mais il n'y a que le fommeil qui puiffe nous enlever les perceptions du toucher. Il faut abfolument que notre corps porte fur quelque chofe, & que fes parties pefent les unes fur les autres. De-là naît une perception qui nous les préfente comme diftantes & limitées, & qui, par conféquent, emporte l'idée de quelque étendue.

Les idées d'étendue fe réveillent facilement.

Or, cette idée, nous pouvons la généralifer, en la confidérant d'une maniere indéterminée. Nous pouvons enfuite la modifier, & en tirer, par exemple, l'idée d'une ligne droite ou courbe. Mais nous ne faurions réveiller exactement la perception de la grandeur d'un corps, parce que nous n'avons point là deffus d'idée abfolue, qui puiffe nous fervir de mefure fixe. Dans ces occafions, l'efprit ne fe rappelle que les noms de pied, de toife, &c.

En conféquence les idées des figures peu compoféces, fe réveillent avec la même facilité avec une idée de grandeur plus ou moins vague.

Avec le secours de ces premieres idées, nous pouvons en l'absence des objets nous représenter exactement les figures les plus simples: tels sont des triangles & des quarrés. Mais que le nombre des côtés augmente considérablement, nos efforts deviennent superflus. Si je pense à une figure de mille côtés, & à une de neuf cents quatre-vingt-dix-neuf; ce n'est pas par des perceptions que je les distingue, ce n'est que par les noms que je leur ai donnés. Il en est de même de toutes les notions complexes: chacun peut remarquer, que, quand il en veut faire usage, il ne s'en retrace que les noms. Pour les idées simples qu'elles renferment, il ne peut les réveiller que l'une après l'autre, & qu'autant que la curiosité, ou quelqu'autre besoin y détermine son attention.

L'imagination s'aide naturellement de tout ce qui peut lui être de quelque secours: ce sera par comparaison avec notre propre figure, que nous nous représenterons celle d'un ami absent; & nous l'imaginerons grand ou petit, parce que nous en mesurerons en quelque sorte la taille avec la nôtre. Mais l'ordre

& la symmétrie sont principalement ce qui aide l'imagination , parce qu'elle y trouve différents points auxquels elle se fixe, & auxquels elle rapporte le tout. Que je songe à un beau visage, les yeux ou d'autres traits, qui m'auront le plus frappé, s'offriront d'abord , & ce sera relativement à ces premiers traits que les autres viendront prendre place dans mon imagination. On imagine donc plus aisément une figure , à proportion qu'elle est plus régulière. On pourroit même dire qu'elle est plus facile à voir : car le premier coup d'œil suffit pour s'en former une idée. Si au contraire elle est fort irrégulière, on n'en viendra à bout, qu'après en avoir long-temps considéré les différentes parties.

Quand les objets qui occasionnent les sensations de goût, de son, de couleur & de lumiere sont absents, il ne reste point en nous de perceptions que nous puissions modifier, pour en faire quelque chose de semblable à la couleur, à l'odeur & au goût, par exemple, d'une orange. Il n'y a point non plus d'ordre, de symmétrie qui vienne ici au secours de l'imagination. Ces idées ne peuvent donc se réveiller qu'autant qu'on se les est rendu familieres. Par cette raison, celles de la lumiere & des couleurs doivent se retracer le plus aisé-

Idées qui ne se réveillent qu'autant qu'elles sont fort familieres.

ment; enfuite celles des fons. Quant aux odeurs
& aux faveurs, on ne réveille que celles pour
lefquelles on a un goût plus marqué. Il refte
donc bien des perceptions dont on peut fe
fouvenir, & dont cependant on ne fe rappelle
que les noms. Combien de fois même cela n'a-
t-il pas lieu par rapport aux plus familieres,
fur·tout dans la converfation, où l'on fe contente fouvent de parler des chofes fans les
imaginer.

CHAPI-

CHAPITRE V.

De la liaison des idées & de ses effets.

———

L A liaison de plusieurs idées ne peut avoir d'autre cause que l'attention que nous leur avons donnée, quand elles se sont présentées ensemble. Or, les choses attirent notre attention par le côté par où elles ont plus de rapport avec notre tempérament, nos passions, notre état; pour tout dire, en un mot, avec nos besoins. Ce sont ces rapports qui font qu'elles nous affectent avec plus de force, & que nous en avons une conscience plus vive. D'où il arrive que, quand ils viennent à changer, nous voyons les objets tout différemment, & nous en portons des jugements tout-à-fait contraires. On est communément si fort la dupe de ces sortes de jugements, que celui qui dans un temps voit & juge d'une maniere, & dans un autre temps voit & juge tout autrement, croit toujours bien voir & bien

Les besoins déterminent notre attention.

juger : penchant qui nous devient fi naturel ;
que nous faifant toujours confidérer les objets
par les rapports qu'ils ont à nous, nous ne
manquons pas de critiquer la conduite des
autres, autant que nous approuvons la nôtre.
Joignez à cela que l'amour propre nous per-
fuade aifément, que les chofes ne font loua-
bles, qu'autant qu'elles ont attiré notre attention avec quelque fatisfaction de notre part ;
& vous comprendrez pourquoi ceux mêmes,
qui ont affez de difcernement pour les apprécier, difpenfent d'ordinaire fi mal leur eftime,
que tantôt ils la refufent injuftement, & tantôt ils la prodiguent.

Quoi qu'il en foit, puifque les chofes n'attirent notre attention, que par le rapport
qu'elles ont à notre tempérament, à nos paffions, à notre état, à nos befoins ; c'eft une
conféquence que la même attention embraffe
tout à la fois les idées des befoins, & celles
des chofes qui s'y rapportent, & qu'elles les
lie.

Ils font le
lien fonda-
mental de nos
idées.

Tous nos befoins tiennent les uns aux autres, & on en pourroit confidérer les perceptions comme une fuite d'idées fondamentales,
auxquelles on rapporteroit toutes celles qui
font partie de nos connoiffances. Au-deffus de

chacune s'éleveroient d'autres suites d'idées, qui formeroient des especes de chaînes, dont la force seroit entierement dans l'analogie des signes, dans l'ordre des perceptions, & dans la liaison que les circonstances, qui réunissent quelquefois les idées les plus disparates, auroient formée. A un besoin est liée l'idée de la chose qui est propre à le soulager ; à cette idée est liée celle du lieu où cette chose se rencontre ; à celle-ci, celle des personnes qu'on y a vues ; à cette derniere, les idées des plaisirs ou des chagrins qu'on a reçus, & plusieurs autres. On peut même remarquer qu'à mesure que la chaîne s'étend, elle se subdivise en différents chaînons ; en sorte que plus on s'éloigne du premier anneau, plus les chaînons s'y multiplient. Une premiere idée fondamentale est liée à deux ou trois autres ; chacune de celles-ci à un égal nombre, ou même à un plus grand, & ainsi de suite.

Les différentes chaînes ou chaînons, que je suppose au-dessus de chaque idée fondamentale, seroient liés par la suite des idées fondamentales, & par quelques anneaux qui seroient vraisemblablement communs à plusieurs ; car les mêmes objets, & par conséquent les mêmes idées se rapportent souvent à différents besoins. Ainsi de toutes nos connoissances, il ne se formeroit qu'une feule & même chaîne, dont les chaînons fe réuniroient à certains anneaux, pour fe féparer à d'autres.

Les idées ne fe retracent, qu'autant qu'elles font liées à quelques-uns de nos befoins. Ces fuppofitions admifes, il fuffiroit pour fe rappeller les idées qu'on s'eſt rendu familieres, de pouvoir donner fon attention à quelques-unes de nos idées fondamentales, auxquelles elles font liées. Or, cela fe peut toujours, puifque, tant que nous veillons, il n'y a point d'inſtants où notre tempérament, nos paffions & notre état n'occafionnent en nous quelques-unes de ces perceptions, que j'appelle fondamentales. Nous y réuffirions donc avec plus ou moins de facilité, à proportion que les idées que nous voudrions nous retracer, tiendroient à un plus grand nombre de befoins, & y tiendroient plus immédiatement.

Exemples qui le prouvent. Les fuppofitions que je viens de faire, ne font pas gratuites. J'en appelle à l'expérience, & je fuis perfuadé que chacun remarquera qu'il ne cherche à fe reffouvenir d'une chofe que par le rapport qu'elle a aux circonſtances où il fe trouve ; & qu'il y réuffit d'autant plus facilement, que les circonſtances font en grand nombre, ou qu'elles ont avec la chofe une liaifon plus immédiate. L'attention que nous donnons à une perception qui nous affecte ac-

tuellement, nous en rappelle le figne : celui-
ci en rappelle d'autres, avec lefquels il a quelque rapport : ces dernieres réveillent les idées,
auxquelles ils font liés: ces idées retracent d'autres fignes ou d'autres idées ; & ainfi fucceffivement. Deux amis, par exemple, qui ne
fe font pas vûs depuis long-temps, fe ren-
contrent. L'attention qu'ils donnent à la fur-
prife & à la joie qu'ils reffentent, leur fait naître auffitôt le langage qu'ils doivent fe tenir.
Ils fe plaignent de la longue abfence, où ils
ont été l'un de l'autre ; ils s'entretiennent des
plaifirs dont auparavant ils jouiffoient enfemble, & de tout ce qui leur eft arrivé depuis leur
féparation. On voit facilement comment toutes
ces chofes font liées entre-elles & à beaucoup
d'autres.

D'autres exemples fe préfenteront à vous,
quand vous aurez occafion de remarquer ce qui
arrive dans les cercles. Avec quelque rapidité
que la converfation change de fujet, celui qui
conferve fon fang froid, & qui connoît un
peu le carractere de ceux qui parlent, voit prefque toujours par quelle liaifon d'idées on paffe
d'une matiere à une autre. Je me crois donc
en droit de conclure que le pouvoir de réveiller nos perceptions, leurs noms ou leurs circonftances, vient uniquement de la liaifon que

C 5

l'attention a mife entre ces chofes & les befoins auxquels elles fe rapportent. Détruifez
cette liaifon, vous détruifez l'imagination &
la mémoire.

Le pouvoir de lier nos idées a fes incon-
véniens, comme fes avantages. Pour les faire
appercevoir fenfiblement, je fuppofe deux hommes; l'un, chez qui les idées n'ont jamais pu
fe lier; l'autre, chez qui elles fe lient avec
tant de facilité & tant de force, qu'il n'eft
plus le maître de les féparer. Le premier feroit fans imagination & fans mémoire, &
n'auroit, par conféquent, l'exercice d'aucune
des opérations qui fuppofent l'une ou l'autre
de ces facultés. Il feroit abfolument incapable
de réflexion; ce feroit un imbécille. Le fecond
auroit trop de mémoire & trop d'imagination,
& cet excès produiroit prefque le même effet,
qu'une entiere privation de l'une & de l'autre.
Il auroit à peine l'exercice de fa réflexion; ce
feroit un fou. Les idées les plus difparates étant
fortement liées dans fon efprit, par la feule
raifon qu'elles fe font préfentées enfemble; il
les jugeroit naturellement liées entre-elles, &
les mettroit les unes à la fuite des autres, comme
de juftes conféquences.

Entre ces deux excès on pourroit fuppofer

un milieu, où le trop d'imagination & de mémoire ne nuiroit pas à la folidité de l'efprit,
& où le trop peu ne nuiroit pas à fes agréments.
Peut-être ce milieu eft-il fi difficile, que les
plus grand génies ne s'y font encore trouvés qu'à peu près. Selon que différents efprits
s'en écartent, & tendent vers les extrêmités
oppofées ; ils ont des qualités plus ou moins in-
compatibles, puifqu'elles doivent plus ou moins
participer aux extrêmités qui s'excluent tout-
à-fait. Ainfi ceux qui fe rapprochent de l'extrêmité où l'imagination & la mémoire domi-
nent, perdent à proportion des qualités qui
rendent un efprit jufte, conféquent & métho-
dique ; & ceux qui fe rapprochent de l'autre extrêmité perdent dans la même proportion des
qualités qui concourent à l'agrément. Les premiers écrivent avec plus de grace, les autres
avec plus de fuite & plus de profondeur. Mais
il eft à propos de développer plus en détail les
vices & les avantages des liaifons d'idées.

Ces liaifons fe font dans l'imagination de
deux manieres : quelquefois volontairement,
& d'autres fois elles ne font que l'effet d'une
impreffion étrangere. Celles-là font ordinairement moins fortes, de forte que nous pouvons
les rompre plus facilement : on convient qu'elles
font notre ouvrage. Celles-ci font fouvent fi

Elles fe font volontaire ment ou invo- lontairement.

C 4

bien cimentées, qu'il nous est impossible de les détruire : on les croit volontiers naturelles. Toutes ont leurs avantages & leurs inconvénients : mais les dernieres sont d'autant plus utiles ou dangereuses, qu'elles agissent sur l'esprit avec plus de vivacité.

Il falloit, par exemple, que la vue d'un précipice, où nous sommes en danger de tomber, réveillât en nous l'idée de la mort. L'attention ne peut donc manquer à la premiere occasion de former cette liaison ; elle doit même la rendre d'autant plus forte, qu'elle y est déterminée par le motif le plus pressant : la conservation de notre être.

Il y en a qui sont nécessaires à notre conservation, & que par cette raison on juge faussement naturelles.

Mallebranche a cru cette liaison naturelle, ou en nous dès la naissance. » L'idée, dit-il, » d'une grande hauteur que l'on voit au-des- » sous de soi, & de laquelle on est en danger » de tomber, ou l'idée de quelque grand corps » qui est prêt à tomber sur nous & à nous » écraser, est naturellement liée avec celle » qui nous représente la mort, & avec une » émotion des esprits, qui nous dispose à la » fuite, & au desir de fuir. Cette liaison » ne change jamais, parce qu'il est nécessaire » qu'elle soit toujours la même, & elle con- » siste dans une disposition des fibres du

» cerveau , que nous avons dès notre en-
» fance (*). »

Il est évident que si l'expérience ne nous
avoit pas appris que nous sommes mortels,
bien loin d'avoir une idée de la mort, nous
ferions fort surpris à la vue de celui qui mour-
roit le premier. Cette idée est donc acquise,
& Mallebranche se trompe pour avoir cru que
ce qui est commun à tous les hommes, est naturel ou né avec nous. Cette erreur est générale : on ne veut pas s'appercevoir que les mêmes
fens , les mêmes opérations & les mêmes circonstances doivent produire par-tout les mêmes
effets. On veut absolument avoir recours à
quelque chose d'inné , ou de naturel , qui précéde l'action des fens, l'exercice des opérations
de l'ame , & les circonstances communes.

Si les liaisons d'idées qui se forment en nous,
par des impressions étrangeres , font utiles, elles
font souvent dangereuses. Que l'éducation nous
accoutume à lier l'idée de honte ou d'infâmie
à celle de furvivre à un affront, l'idée de
grandeur d'ame ou de courage, à celle de s'ôter
foi-même la vie, ou de l'exposer en cherchant

Il y en a qui font une four-ce de préjugés

(*) Recherche de la Ver. liv. 1. c. 5.

à en priver celui de qui on a été offensé ; on aura deux préjugés : l'un qui a été le point d'honneur des Romains, l'autre qui est celui d'une partie de l'Europe. Ces liaisons s'entretiennent & se fomentent plus ou moins avec l'âge. La force que le tempérament acquiert, les passions auxquelles on devient sujet, & l'état qu'on embrasse, en resserrent ou en coupent les nœuds.

de faux jugemens,

Ces sortes de préjugés étant les premieres impressions que nous avons éprouvées, ils ne manquent pas de nous paroître des principes incontestables. Dans l'exemple que je viens d'apporter, l'erreur est sensible, & la cause en est connue. Mais il n'y a peut-être personne à qui il ne soit arrivé de faire quelquefois des raisonnements bisarres, dont on reconnoît enfin tout le ridicule, sans pouvoir comprendre comment on a pu en être la dupe un seul instant. Ils ne sont souvent que l'effet de quelque liaison singuliere d'idées : cause humiliante pour notre vanité, & que pour cela nous avons tant de peine à appercevoir. Si elle agit d'une maniere si secrete, qu'on juge des raisonnements qu'elle fait faire au commun des hommes.

de prévention,

En général les impressions que nous éprouvons dans différentes circonstances, nous font

aſſocier des idées que nous ne ſommes plus
maîtres de ſéparer. On ne peut, par exemple,
fréquenter les hommes qu'on ne lie inſenſi-
blement les idées de certains tours d'eſprit &
de certains caractères avec les figures qui ſe
remarquent davantage. Voilà pourquoi les
perſonnes qui ont de la phyſionomie, nous
plaiſent ou nous déplaiſent plus que les autres : car la phyſionomie n'eſt qu'un aſſem-
blage de traits auxquels nous avons aſſocié des
idées, qui ne ſe réveillent point ſans être
accompagnées d'agrément ou de dégoût. Il ne
faut donc pas s'étonner, ſi nous ſommes portés à juger les autres d'après leur phyſionomie, & ſi quelquefois nous ſentons pour eux
au premier abord de l'éloignement ou de l'in-
clination.

Par un effet de ces aſſociations nous nous
prévenons ſouvent juſqu'à l'excès en faveur
de certaines perſonnes, & nous ſommes tout
à fait injuſtes par rapport à d'autres. C'eſt
que tout ce qui nous frappe dans nos amis,
comme dans nos ennemis, ſe lie naturelle-
men, avec les ſentiments agréables ou déſa-
gréables qu'ils nous font éprouver; & que,
par conſéquent, les défauts des uns emprun-
tent toujours quelqu'agrément de ce que
nous remarquons en eux de plus aimable,
ainſi que les meilleures qualités des autres,

nous paroiſſent participer à leurs vices. Par-là
ces liaiſons influent infiniment ſur toute notre conduite. Elles entretiennent notre amour
ou notre haine, fomentent notre eſtime ou
notre mépris, excitent notre reconnoiſſance
ou notre reſſentiment, & produiſent ces ſym-
pathies, ces antipathies & tous ces penchants
biſarres dont on a quelquefois tant de peine à
rendre raiſon. Deſcartes conſerva toujours du
goût pour les yeux louches, parce que la
premiere perſonne qu'il avoit aimée, avoit
ce défaut.

de folie.   Locke a fait voir le plus grand danger
des aſſociations d'idées, lorſqu'il a remarqué
qu'elles ſont l'origine de la folie. » Un hom-
» me, dit-il (*) fort ſage & de très bon
» ſens en toute autre choſe, peut être auſſi
» fou ſur un certain article, qu'aucun de ceux
» qu'on renferme aux petites maiſons, ſi par
» quelque violente impreſſion qui ſe ſoit faite
» ſubitement dans ſon eſprit, ou par une lon-
» gue application à une eſpece particuliere de
» penſées, il arrive que des idées incompati-
» bles ſoient jointes ſi fortement enſemble dans
» ſon eſprit, qu'elles y demeurent unies. »

_____

(*) Liv. 2. c. 11. ſ. 13. Il répéte à peu - près la même
choſe c. 33. ſ. 4. du même liv.

Pour comprendre combien cette réflexion est juste, il suffit de remarquer que par la physique l'imagination & la folie ne peuvent différer que du plus au moins. Tout dépend de la vivacité des mouvements qui se font dans le cerveau. Dans les songes, par exemple, les perceptions se retracent si vivement, qu'au réveil on a quelquefois de la peine à reconnoître son erreur. Voilà certainement un moment de folie, & il est évident qu'on resteroit fou, si les mouvements du cerveau, qui ont produit cette illusion, continuoient à être les mêmes. Cet effet peut être produit d'une maniere plus lente.

Il n'y a, je pense, personne, qui, dans des moments de désœuvrement, n'imagine quelque roman dont il se fait le héros. Ces fictions, qu'on appelle *châteaux en Espagne*, n'occasionnent, pour l'ordinaire, dans le cerveau que de légeres impressions, parce qu'on s'y livre peu, & qu'elles sont bientôt dissipées par des objets plus réels, dont on est obligé de s'occuper. Mais qu'il survienne quelque sujet de tristesse, qui nous fasse éviter nos meilleurs amis, & prendre en dégoût tout ce qui nous a plu; alors livrés à tout notre chagrin, notre roman favori sera la seule idée qui pourra nous en distraire. Nous nous endormirons en bâtissant ce château, nous l'habiterons en songe ; & enfin , quand la difpofition du cerveau fera infenfiblement parvenue à être la même que fi nous étions en effet ce que nous avons feint , nous prendrons à notre réveil toutes nos chimeres pour des réalités. Il fe peut que la folie de cet Athénien , qui croyoit que tous les vaiffeaux qui entroient dans le Pirée, étoient à lui , n'ait pas eu d'autre caufe.

Danger des romans. Cette explication peut faire connoître com-bien la lecture des romans eft dangereufe pour les jeunes perfonnes du fexe dont le cerveau eft fort tendre. Leur efprit, que l'éducation occupe ordinairement trop peu, faifit avec avi-dité des fictions qui flattent des paffions natu-relles à leur âge. Elles y trouvent des maté-riaux pour les plus beaux châteaux en Efpa-gne : elles les mettent en œuvre avec d'autant plus de plaifir , que l'envie de plaire , & les galanteries qu'on leur fait fans ceffe , les en-tretiennent dans ce goût. Alors il ne faut peut-être qu'un léger chagrin pour tourner la tête à une jeune fille, lui perfuader qu'elle eft An-gélique , ou telle autre héroïne qui lui a plu, & lui faire prendre pour des Médors tous les hommes qui l'approchent.

Danger de certains ou-vrages de dé-votion. Il y a des ouvrages faits dans des vues bien différentes, qui peuvent avoir de pareils inconvénients. Je veux parler de certains li-

vres de dévotion, écrits par des imaginations
fortes & contagieuses. Ils font capables de tourner quelquefois le cerveau d'une femme, jufqu'à lui faire croire qu'elle a des vifions,
qu'elle s'entretient avec des anges, ou que
même elle eft déja dans le ciel avec eux. Il
feroit bien à fouhaiter que les jeunes perfonnes des deux fexes fuffent toujours éclairées
dans ces fortes de lectures par des directeurs qui
connoîtroient la trempe de leur imagination.

Des folies, comme celles que je viens d'expofer, font reconnues de tout le monde. Il
y a d'autres égarements, auxquels on ne penfe pas à donner le même nom ; cependant
tous ceux qui ont leur caufe dans l'imagination, devroient être mis dans la même claf-
fe. En ne déterminant la folie que par la
conféquence des erreurs, on ne fauroit fixer
le point où elle commence. Il la faut donc
faire confifter dans une imagination, qui fans
qu'on foit capable de le remarquer, affocie
des idées d'une maniere tout-à-fait défordon-
née, & influe quelquefois dans nos jugements,
ou dans notre conduite. Cela étant, il eft
vraifemblable que perfonne n'en fera exempt:
le plus fage ne différera du plus fou, que parce qu'heureufement les travers de fon imagination n'auront pour objet que des chofes qui
entrent peu dans le train ordinaire de la vie,

Perfonne n'eft
tout - à - fait
exempt de fo-
lie.

& qui le mettent moins visiblement en contradiction avec le reste des hommes. En effet, où est celui que quelque passion favorite n'engage pas constamment, dans de certaines rencontres, à ne se conduire que d'après l'impression forte que les choses font sur son imagination, & ne fasse pas retomber dans les mêmes fautes ? Observez sur-tout un homme dans ses projets de conduite ; car c'est-là l'écueil de la raison pour le grand nombre. Quelle prévention, quel aveuglement, même dans celui qui a le plus d'esprit ! Que le peu de succès lui fasse reconnoître combien il a eu tort, il ne se corrigera pas : la même imagination qui l'a séduit, le séduira encore : vous le verrez sur le point de commettre une faute semblable à la premiere ; vous la lui verrez commettre, & vous ne le ferez pas convenir de son tort.

Les impressions qui se font dans les cerveaux froids, s'y conservent long-temps. Ainsi les personnes dont l'extérieur est composé & réfléchi, n'ont d'autre avantage, si c'en est un, que de garder constamment les mêmes travers. Par-là leur folie qu'on ne soupçonnoit pas au premier abord, n'en devient que plus aisée à reconnoître pour ceux qui les observent quelque temps. Au contraire dans les cerveaux où il y a beaucoup de feu & beaucoup d'activité,

les

les impressions s'effacent, se renouvellent, les folies se succédent. A l'abord on voit bien que l'esprit d'un homme a quelques travers : mais il en change avec tant de rapidité, qu'on peut à peine remarquer de quelle espece ils sont.

Le pouvoir de l'imagination est sans bornes : elle diminue ou même dissipe nos peines, & peut seule donner aux plaisirs l'assaisonnement qui en fait tout le prix. Mais quelquefois c'est l'ennemi le plus cruel que nous ayons : elle augmente nos maux, nous en donne que nous n'avions pas, & finit par nous porter le poignard dans le sein.

Pouvoir de l'imagination.

Pour rendre raison de ces effets, il suffit de considérer que les sens agissant sur l'organe de l'imagination, cet organe réagit sur les sens ; & que sa réaction est plus vive, parce qu'il ne réagit pas avec la seule force que suppose la perception qu'il reçoit, mais avec les forces réunies de toutes celles qui sont étroitement liées à cette perception, & qui pour cette raison n'ont pu manquer de se réveiller. Cela étant, il n'est pas difficile de comprendre les effets de l'imagination : venons à des exemples.

Cause de ce pouvoir.

La perception d'une douleur réveille dans

mon imagination toutes les idées avec lesquelles elle a une liaison étroite. Je vois le danger, la frayeur me saisit, j'en suis abattu, mon
corps résiste à peine, ma douleur devient plus
vive, mon accablement augmente ; & il se
peut que, pour avoir eu l'imagination frappée,
une maladie légere dans ces commencements,
me conduise au tombeau.

Un plaisir que j'ai recherché, retrace également toutes les idées agréables, auxquelles
il peut être lié. L'imagination renvoie aux
sens plusieurs perceptions pour une qu'elle reçoit, & elle écarte ce qui pourroit m'enlever
aux sentiments que j'éprouve. Dans cet état,
tout entier aux perceptions qui me viennent
par les sens, & à celle que l'imagination reproduit, je goûte les plaisirs les plus vifs.
Qu'on arrête l'action de mon imagination ; je
sors aussitôt comme d'un enchantement : j'ai
sous les yeux les objets auxquels j'attribuois
mon bonheur, je les cherche, & je ne les
vois plus.

Par cette explication on conçoit que les
plaisirs de l'imagination sont tout aussi réels,
& tout aussi physiques que les autres, quoiqu'on dise communément le contraire. Je n'apporte plus qu'un exemple,

Un homme tourmenté par la goutte, & qui ne peut se soutenir, revoit, au moment qu'il s'y attendoit le moins, un fils qu'il croyoit perdu : plus de douleur. Un instant après le feu se met à sa maison, plus de foiblesse ; il est déja hors de danger, quand on songe à le secourir. Son imagination subitement & vivement frappée, réagit sur toutes les parties de son corps, & y produit la révolution qui le sauve.

De

CHAPITRE VI.

De la nécessité des signes.

L'ARITHMÉTIQUE fournit un exemple bien sensible de la nécessité des signes. Si après avoir donné un nom à l'unité, nous n'en imaginions pas successivement pour toutes les idées que nous formons par la multiplication de cette premiere, il nous seroit impossible de faire aucun progrès dans la connoissance des nombres. Nous ne discernons différentes collections, que parce que nous avons des chiffres qui sont eux-mêmes fort distincts. Otons ces chiffres, ôtons tous les signes en usage, & nous nous appercevrons qu'il nous est impossible d'en conserver les idées. Peut-on seulement se faire la notion du plus petit nombre, si l'on ne considére pas plusieurs objets, dont chacun soit comme le signe auquel on attache l'unité ? Pour moi je n'apperçois les nombres *deux* ou *trois*, qu'autant que je me représente deux ou trois objets différents. Si

Nécessité des signes en arithmétique.

je passe au nombre *quatre*, je suis obligé, pour plus de facilité, d'imaginer deux objets d'un côté & deux de l'autre : à celui de *six*, je ne puis me dispenser de les distribuer deux à deux, ou trois à trois ; & si je veux aller plus loin, il me faudra bientôt considérer plusieurs unités comme une seule, & les réunir pour cet effet à un seul objet.

Locke (*) parle de quelques Américains qui n'avoient point d'idées du nombre mille, parce qu'en effet, ils n'avoient imaginé des noms que pour compter jusqu'à vingt. J'ajoute qu'i' auroient eu quelque difficulté à s'en faire du nombre vingt-un. En voici la raison.

Par la nature de notre calcul il suffit d'avoir des idées des premiers nombres, pour être en état de s'en faire de tous ceux qu'on peut déterminer. C'est que les premiers signes étant donnés, nous avons des regles pour en inventer d'autres. Ceux qui ignoreroient cette méthode au point d'être obligés d'attacher chaque collection à des signes qui n'auroient point d'analogie entre eux, n'auroient aucun secours pour se guider dans l'invention des signes. Ils

_____

(*) L. 2. c. 16. Il dit qu'il s'est entretenu avec eux.

D 3

n'auroient donc pas la même facilité que nous pour se faire de nouvelles idées. Telle étoit vraisemblablement le cas de ces Américains. Ainsi non-seulement ils n'avoient point d'idée du nombre mille, mais même il ne leur étoit pas aisé de s'en faire immédiatement au-dessus de vingt (*)

Le progrès de nos connoissances dans les nombres, vient donc uniquement de l'exactitude avec laquelle nous avons ajouté l'unité à elle-même, en donnant à chaque progression un nom qui la fait distinguer de celle qui la précéde & de celle qui la suit. Je sais que cent est supérieur d'une unité à quatre-vingt-dix-neuf, & inférieur d'une unité à cent-un, parce que je me souviens que ce sont-là trois signes que j'ai choisis pour désigner trois nombres qui se suivent.

Il ne faut pas se faire illusion, en s'imagi-

_____

(*) On ne peut plus douter de ce que j'avance ici, depuis la relation de Mr. de la Condamine. Il parle (page 67) d'un peuple qui n'a d'autre signe pour exprimer le nombre trois que celui-ci *poëttarrarrorincourac*. Ce peuple ayant commencé d'une maniere aussi peu commode, il ne lui étoit pas aisé de compter au delà. On ne doit donc pas avoir de la peine à comprendre que ce fussent-là, comme on l'assure, les bornes de son arithmétique.

nant que les idées des nombres, féparés de leurs fignes, foient quelque chofe de clair & de déterminé (*). Il ne peut rien y avoir qui réuniffe dans l'efprit plufieurs unités, que le nom même auquel on les a attachées. Si quelqu'un me demande ce que c'eft que *mille*; que puis-je répondre, fi non que ce mot fixe dans mon efprit une certaine collection d'unités ? S'il m'interroge encore fur cette collection, il eft évident qu'il m'eft impoffible de la lui faire appercevoir dans toutes fes parties. Il ne me refte donc qu'à lui préfenter fucceffivement tous les noms qu'on a inventés pour fignifier les progreffions qui la précédent. Je dois lui apprendre à ajouter une unité à une autre, & à les réunir par le figne *deux*; une troifieme aux deux précédentes, & à les attacher au figne *trois*; & ainfi de fuite, jufqu'à *dix*, que je fais confidérer comme une unité. Cette unité compofée, prife elle-même dix fois, le conduit à une unité qui eft plus compofée encore, & que je fixe dans fa mémoire

bres n'avoient pas chacun des fignes, on n'en auroit pas d'idée.

_____

(*) Mallebranche a penfé que les nombres qu'apperçoit l'entendement pur, font quelque chofe de bien fupérieur à ceux qui tombent fous les fens. S. Auguftin (dans fes Confeffions), les Platoniciens & tous les partifans des idées innées ont été dans le même préjugé.

par le figne *cent*. Ainfi de dixaines en dixaines il s'éleve à mille, ou à tout autre nombre.

Qu'on cherche enfuite ce qu'il y aura de clair dans fon efprit, on y trouvera trois chofes : l'idée de l'unité ; celle de l'opération par laquelle il a ajouté plufieurs fois l'unité à elle-même ; enfin le fouvenir d'avoir imaginé les fignes dans l'ordre que je viens d'expofer. Ce n'eft certainement ni par l'idée de l'unité, ni par celle de l'opération qui l'a multipliée, qu'eft déterminé le nombre mille ; car ces chofes fe trouvent également dans tous les autres. Mais puifque le figne *mille* n'appartient qu'à cette collection, c'eft lui feul qui la détermine, & qui la diftingue. On n'en a donc l'idée, que parce qu'on peut rétrograder en confidérant que mille eft une unité compofée de dix unités de centaines ; que cent eft une unité compofée de dix unités de dixaines, & que dix eft une unité compofée de dix unités fimples.

Les fignes font néceffaires pour fe faire des idées de toute efpece. Il eft donc hors de doute que, quand un homme ne voudroit calculer que pour lui, il feroit autant obligé d'inventer des fignes, que s'il vouloit communiquer fes calculs. Mais pourquoi, ce qui eft vrai en arithmétique, ne le feroit-il pas dans les autres fciences ? Pour-

rions-nous jamais réfléchir fur la métaphyfique
& fur la morale, fi nous n'avions inventé des
fignes, pour fixer nos idées, à mefure que
nous avons formé de nouvelles collections ?
Les mots ne doivent-ils pas être aux idées de
toutes les fciences, ce que font les chiffres
aux idées de l'arithmétique ? Il eft vraifemblable que l'ignorance de cette vérité eft une
des caufes de la confufion qui regne dans les
ouvrages de métaphyfique & de morale. Il faut
la mettre dans fon jour.

L'efprit eft fi borné, qu'il ne peut pas fe
retracer une grande quantité d'idées pour en
faire tout-à-la fois le fujet de fa réflexion. Cependant il eft fouvent néceffaire qu'il en confidére plufieurs enfemble. C'eft-ce qu'il fait,
lorfque, réuniffant plufieurs idées fous un figne, il les envifage comme fi, toutes enfemble, elles n'en formoient qu'une feule.

Ils le font
pour fe faire
de plufieurs
idées une idée
complexe.

Il y a deux cas où nous raffemblons des
idées fimples fous un feul figne : nous le faifons fur des modeles, ou fans modeles.

Je trouve un corps, & je vois qu'il eft
étendu, figuré, divifible, folide, dur, capable de mouvement & de repos, jaune, fufible, ductile, malléable, fort pefant, fixe, qu'il

Ils le font par
conféquent,
pour détermi-
ner l'idée que

nous nous fai
fons d'une
fubftance.

a la capacité d'être diffous dans l'eau régale;
&c. Il eft certain que fi je ne puis pas donner tout-à-la fois à quelqu'un une idée de toutes ces qualités; je ne faurois me les rappeller
à moi-même, qu'en les faifant paffer en revue
devant mon efprit. Mais fi, ne pouvant les
embraffer toutes enfemble, je voulois ne penfer qu'à une feule, par exemple, à la couleur, une idée auffi incomplete me feroit
inutile, & me feroit fouvent confondre ce
corps avec ceux qui lui reffemblent par cet endroit. Pour fortir de cet embarras, j'invente le
mot *or*, & je m'accoutume à lui attacher toutes les idées dont j'ai fait le dénombrement.
Quand par la fuite je penferai à l'or, je n'ap-
percevrai donc que ce fon *or*, & le fouvenir
d'y avoir lié une certaine quantité d'idées fimples, que je ne puis réveiller tout-à-la fois,
mais que j'ai vu coexifter dans un même fujet,
& que je me rappellerai les unes après les autres, quand je le fouhaiterai.

Nous ne pouvons donc réflechir fur les fubftances, qu'autant que nous avons des fignes
qui déterminent le nombre & la variété des
propriétés que nous y avons remarquées, &
que nous voulons réunir dans des idées complexes, comme nous les réuniffons hors de
nous dans des fujets. Qu'on oublie pour un

moment tous ces signes, & qu'on essaie d'en rappeller les idées ; ou verra que les mots, ou d'autres signes équivalents, sont d'une si grande nécessité, qu'ils tiennent, pour ainsi dire, dans notre esprit la place que les sujets occupent au dehors. Comme les qualités des choses ne coexisteroient pas hors de nous, sans des sujets où elles se réunissent, leurs idées ne coexisteroient pas dans notre esprit sans des signes où elles se réunissent également.

La nécessité des signes est encore bien sensible dans les idées complexes que nous formons sans modeles, c'est-à-dire, dans les idées que nous nous faisons des êtres moraux. Quand nous avons rassemblé des idées que nous ne voyons nulle part réunies, qu'est-ce qui en fixeroit les collections, si nous ne les attachions à des mots qui sont comme des liens qui les empêchent de s'échapper ? Si vous croyez que les noms vous soient inutiles, arrachez-les de votre mémoire, & essayez de réfléchir sur les loix civiles & morales, sur les vertus & les vices, enfin sur toutes les actions humaines; vous reconnoîtrez votre erreur. Vous avouerez que si à chaque combinaison que vous faites, vous n'avez pas des signes pour déterminer le nombre d'idées simples que vous avez voulu recueillir ; à peine aurez-vous fait un

Ils le font encore pour déterminer les idées que nous nous faisons des êtres moraux.

pas que vous n'appercevrez plus qu'un chaos.
Vous ferez dans le même embarras que celui
qui voudroit calculer, en difant plufieurs fois
un, *un*, *un*, & qui ne voudroit pas imaginer
des fignes pour chaque collection. Cet homme
ne fe feroit jamais l'idée d'une vingtaine, parce
que rien ne pourroit l'affurer qu'il en auroit
exactement répété toutes les unités

C'eft donc l'ufage des fignes, qui facilite
l'exercice de la réflexion : mais cette faculté
contribue à fon tour à multiplier les fignes,
& par-là elle peut tous les jours prendre un
nouvel effor. Ainfi les fignes & la réflexion
font des caufes, qui fe prêtent des fecours mu-
tuels, & qui concourent réciproquement à
leurs progrès.

Combien l'u-
fage des fi-
gnes contri-
bue à l'exer-
cice de la ré
flexion & de
toutes nos fa
cultés.

Si en les confidérant dans leurs foibles commencements, on ne voit pas fenfiblement leur
influence réciproque ; on n'a qu'à les obferver
dans le point de perfection où elles font aujourd'hui. En effet combien n'a-t-il pas fallu de
réflexion pour former les langues, & de quels
fecours les langues ne font-elles pas à la ré
flexion ? Il eft donc conftant qu'on ne peut
mieux augmenter l'activité de l'imagination,
l'étendue de la mémoire, & faciliter l'exercice de la réflexion, qu'en s'occupant des ob-

jets qui, exerçant davantage l'attention, lient ensemble un plus grand nombre de fignes & d'idées. Voilà par quel artifice nous développons les facultés de notre ame. C'eft alors que nous commençons à entrevoir tout ce dont nous fommes capables. Tant qu'on ne dirige point foi-même fon attention, l'ame eft affujettie à tout ce qui l'environne, & ne poffede rien que par une vertu étrangere. Mais fi, maître de fon attention, comme on l'eft fur-tout par l'ufage des fignes, on la guide felon fes defirs, l'ame alors difpofe d'elle-même, elle en tire des idées qu'elle ne doit qu'à elle, & s'enrichit de fon propre fond.

L'effet de cette opération eft d'autant plus grand, que par elle nous difpofons de nos perceptions, à peu près comme fi nous avions le pouvoir de les produire & de les anéantir. Que parmi celles que j'éprouve actuellement, j'en choififfe une, auffitôt la confcience en eft fi vive & celle des autres fi foible, qu'il me paroîtra qu'elle eft la feule dont j'aie pris connoiffance. Qu'un inftant après je veuille l'abandonner, pour m'occuper principalement d'une de celles qui m'affectoient le plus légérement ; elle me paroîtra rentrer dans le néant, tandis qu'une autre m'en paroîtra fortir. La confcience de la premiere, pour parler moins

figurément, deviendra fi foible, & celle dé
la feconde fi vive, qu'il me femblera que je
ne les ai éprouvées que l'une après l'autre. On
peut faire cette expérience en confidérant un
objet fort compofé. Il n'eft pas douteux qu'on
n'ait en même temps confcience de toutes
les perceptions que font naître fes différentes
parties difpofées pour agir fur les fens : mais
on diroit que la réflexion fufpend à fon gré
les impreffions qui fe font dans l'ame, pour
n'en conferver qu'une feule.

Mais il faut
dans l'ufage
des fignes de
la clarté, de la
précifion & de
l'ordre.

La géométrie nous apprend que le moyen
le plus propre à faciliter notre réflexion, eft
de mettre fous les fens les objets mêmes des
idées dont on veut s'occuper, parce qu'alors
la confcience en eft plus vive : mais on ne
peut pas fe fervir de cet artifice dans toutes
les fciences. Un moyen qu'on emploiera par-
tout avec fuccès, c'eft de mettre dans nos
méditations de la clarté, de la précifion &
de l'ordre. De la clarté ; parce que plus les
fignes font clairs, plus nous avons confcience des idées qu'ils fignifient, & moins,
par conféquent, elle nous échappent : de la
précifion ; afin que l'attention moins parta-
gée, fe fixe avec moins d'effort : de l'ordre ;
afin qu'une première idée plus connue, plus
familiere prépare notre attention pour celle
qui doit fuivre.

Il n'arrive jamais que le même homme puisse exercer également sa mémoire, son imagination & sa réflexion sur toutes sortes de matieres : c'est que ces opérations dépendent de l'attention comme de leur cause ; que celle-ci ne peut s'occuper d'un objet qu'à proportion du rapport qu'il a aux habitudes que nous avons contractées ; & que nous ne contractons l'habitude des signes & des idées qu'ils déterminent, qu'autant que nous sommes intéressés à étudier les choses. Nous ne pouvons donc pas également dans tous les genres nous servir des signes avec la même clarté, la même précision & le même ordre. Cela nous apprend pourquoi ceux qui aspirent à être universels, courent risque d'échouer dans bien des genres. Il n'y a que deux sortes de talents : l'un ne s'acquiert que par la violence qu'on fait aux organes ; l'autre est une suite de la facilité qu'ils ont à s'exercer. Celui-ci appartenant plus à la nature, est plus, vif, plus actif, & produit des effets bien supérieurs : celui-là, au contraire, sent l'effort, le travail, & ne s'éleve jamais au-dessus du médiocre.

Concluons que pour avoir des idées sur lesquelles nous puissions réfléchir, nous avons besoin d'imaginer des signes qui servent de liens aux différentes collections d'idées simples ; & que nos notions ne sont exactes,

Comme nous ne sommes pas capables de nous en servir toujours avec la même exactitude, nous ne le sommes pas de réfléchir toujours également bien dans tous les genres de connoissances.

La justesse de notre jugement dépend de l'exactitude avec laquelle nous

qu'autant que nous avons inventé avec ordre les fignes qui les doivent fixer.

Mais nous
nous fervons
des mots long-
temps avant
de favoir nous
rendre comp-
te des idées,
que nous y
attachons.

Mais malheureufement nous apprenons les mots, avant d'apprendre les idées : la raifon ne vient qu'après la mémoire, elle ne repaffe pas toujours avec affez de foin fur les idées auxquelles on a donné des fignes. D'ailleurs il y a un grand intervalle entre le temps où l'on commence à cultiver la mémoire d'un enfant, en y gravant bien des mots dont il ne peut encore faifir le vrai fens ; & celui où il commence à être capable d'analyfer fes notions, pour s'en rendre quelque compte. Quand cette opération furvient; elle fe trouve trop lente pour fuivre la mémoire qu'un long exercice a rendu prompte & facile. Quel travail ne feroit-ce pas, s'il falloit qu'elle examinât tous les fignes ! On les emploie donc tels qu'ils fe préfentent, & on fe contente ordinairement d'en fentir à peu près la fignification. Auffi tous ceux qui rentreront en eux-mêmes, y trouveront-ils grand nombre de mots, auxquels ils ne lient que des idées fort imparfaites? Voilà la fource de cette multitude d'efprits faux, qui inondent la fociété ; & du chaos où fe trouvent plufieurs fciences abftraites: chaos que les philofophes n'ont jamais pu débrouiller, parce qu'aucun d'eux n'en a connu la premiere caufe. Locke eft le premier

en

en faveur de qui on peut faire ici une exception.

La vérité que nous venons d'exposer, montre combien les ressorts de nos connoissances sont simples & admirables. Voilà l'ame de l'homme avec des sensations & des opérations : comment disposera-t-elle de ces matériaux ? des gestes, des sons, des chiffres, des lettres : c'est ~ec de instuments aussi étrangers à nos idées, que r. s les mettons en œuvre, pour nous élever aux connoissances les plus sublimes. Les matériaux sont les mêmes chez tous les hommes : mais l'adresse à se servir des signes varie ; & de là l'inégalité qui se trouve parmi eux.

Refusez à un esprit supérieur l'usage des caracteres : combien de connoissances lui sont interdites, auxquelles un esprit médiocre atteindroit facilement ? Otez-lui encore l'usage de la parole : le sort des muets nous apprend dans quelles bornes étroites vous le renfermez. Enfin enlevez lui l'usage de toutes sortes de signes ; qu'il ne sache pas faire à propos le moindre geste, pour exprimer les pensées les plus ordinaires : vous aurez en lui un imbécille.

Il seroit à souhaiter que ceux qui se chargent de l'éducation des enfants, n'ignorassent

C'est l'usage des signes & l'adresse à s'en servir, qui fait toute la différence qu'on remarque entre les esprits.

Pour travailler avec succès

Tom. IV. E

à l'inftruction des enfants, il faudroit connoître parfaitement les premiers refforts de l'efprit humain.

pas les premiers refforts de l'efprit humain. Si un précepteur connoiffant parfaitement l'origine & le progrès de nos idées, n'entretenoit fon difciple, que des chofes qui ont le plus de rapport à fes befoins & à fon âge ; s'il avoit affez d'adreffe pour le placer dans les circonftances les plus propres à lui apprendre à fe faire des idées précifes, & à les fixer par des fignes conftants ; fi même en badinant il n'employoit jamais dans fes difcours, que des mots dont le fens feroit exactement déterminé ; quelle netteté, quelle étendue ne donneroit-il pas à l'efprit de fon éleve ! Mais combien peu de peres font en état de procurer de pareils maîtres à leurs enfants, & combien font encore plus rares ceux qui feroient propres à remplir leurs vues ? Il eft cependant utile de connoître tout ce qui pourroit contribuer à une bonne éducation. Si on ne peut pas toujours l'exécuter, peut-être évitera-t-on au moins ce qui y feroit tout-à-fait contraire. On ne devroit, par exemple, jamais embarraffer les enfants par des paralogifmes, des fophifmes & d'autres mauvais raifonnements. En fe permettant de pareils badinages, on court rifque de leur rendre l'efprit confus & même faux. Ce n'eft qu'après que leur entendement auroit acquis beaucoup de netteté & de juftteffe, qu'on pourroit, pour exercer leur fagacité, leur tenir des difcours captieux. Je

voudrois même qu'on y apportât affez de précaution, pour prévenir tous les inconvénients.
Il me femble encore que l'ufage où l'on eft
de n'appliquer les enfants, pendant les premieres années de leurs études, qu'à des chofes auxquelles ils ne peuvent rien comprendre, ni prendre aucun intérêt, eft peu propre
à développer leurs talents (*).

(*) L'expérience m'a confirmé dans ces réflexions que
je n'aurois pas ajoutées ici, fi je ne les avois pas mifes
dans l'*Effai fur l'origine des Connoiffances humaines*, que je
copie en ces endroit, comme en beaucoup d'autres.

CHAPITRE VII.

Confirmation de ce qui a été prouvé dans le chapitre précédent.

Muet de naiſ-
ſance qui par-
le tout-à-
coup.

» A Chartres un jeune homme de 23
» à 24 ans, fils d'un artiſan, ſourd & muet
» de naiſſance, commença tout-à-coup à par-
» ler, au grand étonnement de toute la ville.
» On ſut de lui que trois ou quatre mois au-
» paravant, il avoit entendu le ſon des clo-
» ches, & avoit été extrêmement ſurpris de
» cette ſenſation nouvelle & inconnue. Enſuite
» il lui étoit ſorti une eſpece d'eau de l'o-
» reille gauche, & il avoit entendu parfaite-
» ment des deux oreilles. Il fut trois ou qua-
» tre mois à écouter ſans rien dire, s'accou-
» tumant à répéter tout bas les paroles qu'il
» entendoit, & s'affermiſſant dans la pro-
» nonciation & dans les idées attachées aux
» mots. Enfin il ſe crut en état de rompre le
» ſilence, & il déclara qu'il parloit, quoique
» ce ne fût qu'imparfaitement. Auſſitôt des

» théologiens habiles l'interrogerent fur fon
» état paffé , & leurs queftions principales
» roulerent fur Dieu, fur l'ame, fur la bonté
» ou la malice morale des actions. Il ne parut
» pas avoir pouffé fes penfées jufques-là.
» Quoiqu'il fût né des parents catholiques,
» qu'il affiftât à la meffe, qu'il fût inftruit à
» faire le figne de la croix, & à fe mettre
» à genoux dans la contenance d'un homme
» qui prie ; il n'avoit jamais joint à tout cela
» aucune intention, ni compris celle que les
» autres y joignent. Il ne favoit pas bien dif-
» tinctement ce que c'étoit que la mort, &
» il n'y penfoit jamais. Il menoit une vie
» purement animale, tout occupé des objets
» fenfibles & préfents, & du peu d'idées
» qu'il recevoit par les yeux. Il ne tiroit pas
» même de la comparaifon de fes idées tout
» ce qu'il femble qu'il en auroit pu tirer. Ce
» n'eft pas qu'il n'eût naturellement de l'efprit:
» mais l'efprit d'un homme privé du com-
» merce des autres, eft fi peu exercé &
» fi peu cultivé, qu'il ne penfe qu'autant
» qu'il y eft indifpenfablement forcé par
» les objets extérieurs. Le plus grand fond
» des idées des hommes eft dans leur com-
» merce réciproque.

Ce fait eft rapporté dans les memoires de

E

l'Académie des ſciences (*a*). Il eût été à ſouhaiter qu'on eût interrogé ce jeune homme ſur le peu d'idées qu'il avoit, quand il étoit ſans l'uſage de la parole ; ſur les premieres qu'il acquit depuis que l'ouie lui fut rendue ; ſur les ſecours qu'il reçut, ſoit des objets extérieurs, ſoit de ce qu'il entendoit dire, ſoit de ſa propre réflexion, pour en faire de nouvelles ; en un mot, ſur tout ce qui put être à ſon eſprit une occaſion de ſe former. L'expérience fait en nous des progrès ſi prompts, qu'il n'eſt pas étonnant qu'elle ſe donne quelquefois pour la nature même : ici au contraire elle fut ſi lente, qu'il eût été aiſé de ne pas ſi méprendre. Mais les théologiens ne voulurent voir dans ce jeune homme que la nature ſeule ; & tout habiles qu'ils étoient, ils ne démêlerent ni la nature ni l'expérience. Nous n'y pouvons ſuppléer que par des conjectures.

J'imagine que pendant 23 ans l'ame de ce jeune homme diſpoſoit à peine de ſon attention. Elle la donnoit aux objets, non pas à ſon choix, mais ſelon qu'elle étoit entraînée. Il eſt vrai qu'élevé parmi les hommes, il en

(*) Année 1703. p. 18.

recevoit des fecours qui lui faifoient lier quelques-unes de fes idées à des fignes. Il n'eft
pas douteux qu'il ne fût faire connoître par
des geftes fes principaux befoins, & les chofes qui les pouvoient foulager. Mais comme
il manquoit de noms pour défigner celles qui
n'avoient pas un fi grand rapport à lui, qu'il
étoit peu intéreffé à y fuppléer par quelqu'autre moyen, & qu'il ne retiroit de dehors aucun fecours ; il n'y penfoit jamais que quand
il en avoit une perception actuelle. Son attention uniquement attirée par des fenfations vives, ceffoit avec fes fenfations. Il étoit donc
borné dans fes jugements, comme dans fes befoins. Un petit nombre d'objets l'occupoit
entiérement, & tous les autres échappoient à
fon attention. Mais on pourroit demander, s'il
étoit capable de raifonnement, & jufqu'à quel
point.

Raifonner, c'eft faifir les rapports par lefquels deux, trois jugements, ou un plus grand
nombre font liés les uns aux autres. Quand,
par exemple, je retire la main à la vue d'un
charbon ardent qu'on approche de moi, je juge
que ce charbon brûle, qu'il ne me brûlera
pas, fi je m'en éloigne, & que par conféquent je dois retirer la main. Il n'en faut pas
même davantage à un logicien, pour faire un

Jufqu'à quel point il avoit été capable de raifonnement

E 4

syllogifme. *Je dois éviter*, dira-t-il, *tout ce qui brûle : or, ce charbon brûle ; je dois donc l'éviter.* Mais la décompofition de ces jugemens, & la forme fyllogiftique ne font pas le raifonnement : ce n'eft qu'une maniere de l'énoncer ; & dans l'exemple que je viens de rapporter, ce développement eft fi inutile, qu'il en eft ridicule.

Cependant ce même développement devient abfolument néceffaire, lorfque les raifonnemens font fort compofés : car alors nous ne pouvons plus embraffer d'une fimple vue tous les jugemens & tous les rapports qu'ils renferment. Nous en confidérons donc féparément les différentes parties ; nous les développons l'une après l'autre ; nous donnons des fignes à chaque idée, à chaque jugement, à chaque rapport. Par ce moyen nous découvrons peu-à-peu ce que nous ne pourrions pas faifir d'un feul coup d'œil ; & cette décompofition, qui eft tout-à-fait frivole dans un raifonnement fimple, devient folide dans un raifonnement compofé, parce qu'elle y eft néceffaire. Cependant l'un & l'autre font l'effet des mêmes opérations : car foit qu'on faififfe plufieurs rapports à la premiere vue, ou qu'on les découvre fucceffivement, on porte dans l'un & l'autre cas des jugemens, dont l'un

eſt une conſéquence des autres. Quand, par
exemple, un géometre dit *les trois angles
d'un triangle ſont égaux à deux droits*, cette propoſition eſt une conſéquence des jugements dont il a formé ſa démonſtration ;
& cette démonſtration lui eſt ſi familiere,
qu'il ne tient qu'à lui de s'en repréſenter
toutes les parties à la fois. Or, je demande ſi ſon eſprit ne fait pas alors au même
inſtant toutes les opérations, que fait ſuc-
ceſſivement celui d'un éleve qui apprend à
démontrer cette vérité.

Le jeune homme de Chartres avoit contracté l'habitude de veiller à ſes beſoins ;
c'eſt à-dire, de juger ſi les choſes lui étoient
contraires ou favorables, de conclure s'il
devoit les fuir ou les éviter, & d'agir en
conféquence. Il ne diſtinguoit pas ſucceſ-
ſivement ces opérations : elles étoient toutes en lui au même inſtant. Mais la forme qu'elles prennent dans le diſcours, eſt
tout-à-fait étrangere à l'eſſence du raiſonnement ; & c'eſt pour avoir confondu ces
deux choſes que la logique eſt devenue un
art ſi frivole.

Il eſt vrai que le raiſonnement de ce jeune homme étoit fort borné : il ne raiſon-

noit point dans ces occafions où l'efprit ne
pouvant tout faifir à la fois, eſt obligé de pro-
céder par ces développements qu'on ne peut
faire fans le fecours des fignes. Il étoit
donc naturel *qu'il ne tirât pas de la com-*
paraifon de fes idées tout ce qu'il femble qu'il
en auroit pû tirer ; & il ne nous paroîtroit
pas même qu'il en eût pu tirer davantage,
fi l'habitude où nous fommes de nous aider
des fignes, nous permettoit de remarquer
tout ce que nous leur devons. Nous n'aurions qu'à nous mettre à fa place, pour
comprendre combien il devoit acquérir peu
de connoiffances : mais nous jugeons toujours d'après notre fituation.

Il s'étoit con-
duit par imita-
tion & par ha-
bitude, plutôt
que par réfle-
xion.

Borné dans fes raifonnements, fa réflexion,
qui n'avoit pour objet que des fenfations vives ou nouvelles, n'influoit point dans la plupart de fes actions, & que fort peu dans les
autres. Il ne fe conduifoit que par habitude
& par imitation, fur-tout dans les chofes
qui avoient moins de rapport à fes befoins.
C'eſt ainfi que faifant ce que la dévotion
de fes parents exigeoit de lui, il n'avoit jamais fongé au motif qu'on pouvoit avoir,
& ignoroit qu'il dût y joindre une intention.
Peut-être même l'imitation étoit-elle d'autant plus exacte, que la réflexion ne l'ac-

compagnoit point ; car les diftractions doivent être moins fréquentes dans un homme qui fait peu réfléchir.

Il me femble que pour favoir ce que c'eft que la vie, ce foit affez d'être & de fentir. Cependant, au hafard d'avancer un paradoxe, je dirai que ce jeune homme en avoit à peine une idée. Pour un être qui ne réfléchir pas, pour nous mêmes, dans ces moments où quoiqu'éveillés nous ne faifons que végéter, les fenfations ne font que des fenfations, & elles ne deviennent des idées, que lorfque la réflexion nous les fait confidérer comme images de quelque chofe. Il eft vrai qu'elles guidoient ce jeune homme dans la recherche de ce qui étoit utile à fa confervation, & l'éloignoient de ce qui pouvoit lui nuire : mais il en fuivoit l'impreffion fans réfléchir fur ce que c'étoit que fe conferver, ou fe laiffer détruire. Une preuve de la vérité de ce que j'avance, c'eft qu'il ne favoit pas bien diftinctement ce que c'étoit que la mort. S'il avoit fû ce que c'étoit que la vie, n'auroit-il pas vu auffi diftinctement que nous, que la mort n'en eft que la privation (*) ?

Il ne favoit pas diftinctement ce que c'eft que la vie ni ce que c'eft que la mort.

(*) La mort peut fe prendre encore pour le paffage de

L'illuftre fecrétaire de l'Académie des Sciences a fort bien remarqué que le plus grand fond des idées des hommes, eft dans leur commerce réciproque. J'ajoute feulement que c'eft l'ufage des fignes, qui met ce fond en valeur. Ce font eux, qui contribuent au plus grand développement des opérations de l'efprit.

De ce que nos idées ne font déterminées que par des fignes, il ne s'enfuit pas que nos raifonnements ne roulent que fur des mots.

Il s'offre cependant une difficulté. Si notre efprit, dira-t-on, ne fixe fes idées que par des fignes, nos raifonnements courent rifque de ne rouler fouvent que fur des mots, ce qui doit nous jeter dans bien des erreurs.

Je réponds que la certitude des mathématiques leve cette difficulté. Pourvu que nous déterminions fi exactement les idées attachées à chaque figne, que nous puiffions dans le befoin en faire l'analyfe, nous ne craindrons pas plus de nous tromper, que les mathéma-

cette vie dans une autre. Mais ce n'eft pas là le fens dans lequel il faut ici l'entendre. Mr. de Fontenelle ayant dit que ce jeune homme n'avoit point d'idée de Dieu, ni de l'ame, il eft évident qu'il n'en avoit pas davantage de la mort prife pour le paffage de cette vie dans une autre.

ticiens, lorfqu'ils fe fervent de leurs chiffres.
A la vérité cette objection fait voir qu'il faut
fe conduire avec beaucoup de précaution, pour
ne pas s'engager, comme bien des philofophes, dans des difputes de mots, & dans des
queftions vaines & puériles : mais par là elle
ne fait que confirmer ce que j'ai moi-même
remarqué.

On peut obferver ici avec quelle lenteur
l'efprit s'éleve à la connoiffance de la vérité.
Locke en fournit un exemple, qui me paroît
curieux.

Quoique la néceffité des fignes pour les
idées des nombres ne lui ait pas échappé, il
ne parle pas cependant comme un homme bien
affuré de ce qu'il avance. Sans les fignes, dit-
il, avec lefquels nous diftinguons chaque collection d'unités, *à peine pouvons nous faire*
ufage des nombres, fur-tout dans les combinai-
fons fort compofées (*).

Il s'eft apperçu que les noms font néceffaires pour les idées faites fans modeles, mais
il n'en a pas faifi la vraie raifon. » L'efprit,

Méprifes de
Locke au fu-
jet de l'ufage
des fignes.

_____

(*) Liv. 2. c. 16. fect. 5.

» dit-il, ayant mis de la liaison entre les par-
» ties détachées de ses idées complexes,
» cette union qui n'a aucun fondement parti-
» culier dans la nature, cefferoit, s'il n'y avoit
» quelque chofe qui la maintînt (*) ». Ce raifonnement devoit, comme il l'a fait, l'empê-
cher de voir la néceffité des fignes pour les
notions des fubftances : car ces notions ayant
un fondement dans la nature, c'étoit une conféquence que la réunion de leurs idées fimples fe confervât dans l'efprit fans le fecours
des mots.

Il faut bien peu de chofe pour arrêter les
plus grand génies dans leurs progrés : il fuffit
comme on le voit ici, d'une légere méprife
qui leur échappe dans le moment même qu'ils
défendent la vérité. Voilà ce qui a empêché
Locke de découvrir combien les fignes font
néceffaires à l'exercice des opérations de l'ame:
Il fuppofe que l'efprit fait des propofitions
mentales dans lefquelles il joint ou fépare
les idées fans l'intervention des mots (**). Il
prétend même que la meilleure voie pour arriver à des connoiffances, feroit de confidé-

_____

(*) Liv. 3. c. 5. fect. 10.

(**) Liv. 4. c. 5. fect. 3, 4, 5.

rer les idées en elles-mêmes ; mais il remarque qu'on le fait fort rarement : tant, dit-il, la coutume d'employer des sons pour des idées a prévalu parmi nous (a). Après ce que j'ai dit, il est inutile que je m'arrête à faire voir combien tout cela est peu exact.

(*) Liv. 4. c. 6. sect. 1.

CHAPITRE VIII.

De la nécessité & des abus des idées générales.

Les idées abstraites sont des idées partielles. ABSTRAIRE, c'est proprement tirer, séparer une chose d'une autre, dont elle faisoit partie : par conséquent les idées abstraites sont des idées partielles séparées de leur tout.

Elles ne sont pas innées : elles ne sont pas toutes l'ouvrage de l'esprit. Il y a deux sentiments sur ces idées : les uns les prétendent innées ; les autres assurent qu'elles sont l'ouvrage de l'esprit. Ceux-là se trompent ; ceux-ci sont peu exacts. L'action des sens suffit à la production de quelques idées abstraites ; l'esprit concourt avec eux à la production de plusieurs : enfin aidé de celles qu'il a reçues des sens & de celles auxquelles il a contribué, il en forme par lui même un grand nombre.

Les sens nous En effet nos sens décomposent chaque objet.

jet. La vue en sépare les couleurs, l'ouie les
sons, &c. & notre ame ne reçoit que des idées
partielles. Le toucher est le seul sens, qui forme ces collections, où nous trouvons des idées
complexes. C'est lui qui réunit dans différents tous, ces idées qui viennent à nous séparément. donnent des idées abstrai-tes.

Ainsi dans le principe l'ame ne compose ni
ne décompose : elle reçoit séparément les
idées, que les sens séparent ; elle reçoit ensemble celles que le toucher réunit.

Avec la seule vue, on n'a que l'idée abstraite de quelque couleur : avec l'ouie seule,
on n'a que l'idée abstraite de quelque son.
Mais si on fait usage de la vue, de l'ouie &
du toucher, on a l'idée complexe d'un tout
solide, coloré, sonore. Voilà tout l'artifice
des idées que nous nous formons des objets
sensibles. Les sens commencent, le concours
de l'esprit ou de la réflexion survient, & les
idées se multiplient.

Quant aux idées abstraites que nous acqué-
tons des opérations de notre ame, il suffit
de savoir comment toutes nos facultés spirituelles ne sont que la sensation même qui se
transforme différemment, pour comprendre Comment nous nous fai-sons des idées abstraites des facultés de l'a-me

que les sens nous donnent les idées abstraites *d'attention* , de *comparaison* , de *jugement* , &c. Mais ils ne les donnent qu'autant qu'ils sont aidés par la réflexion de l'esprit.

Comment nous nous en faisons de toutes espèces. Toutes nos idées ne sont que différentes combinaisons de ces deux premieres especes. Si nous nous bornons à juger des qualités sensibles, que nos sens apperçoivent dans les objets, soit immédiatement, soit par le secours de quelqu'instrument, nous nous faisons toutes les idées abstraites de mathématique & de physique.

Si nous jugeons par analogie des qualités spirituelles qui appartiennent aux objets, nous découvrons les facultés intérieures des animaux.

Si nous jugeons de la cause par les effets, nous nous élevons par la considération de l'univers à la connoissance de Dieu.

Enfin, si nous considérons toutes nos facultés, relativement à la fin à laquelle nous connoissons, par la raison, que Dieu nous destine, nous nous formons des idées de religion naturelle, de principes de morale, de vertus, de vices, &c.

C'eſt dans les idées abſtraites, qui ſont le fruit de différentes combinaiſons, qu'on reconnoît l'ouvrage de l'eſprit. Ainſi les idées abſtraites de couleur, de ſon, &c. viennent immédiatement des ſens : celles des facultés de notre ame ſont dues tout-à-la fois aux ſens & à l'eſprit; & les idées de la divinité & de la morale appartiennent à l'eſprit ſeul. Je dis à *l'eſprit ſeul*, parce que les ſens n'y concourent plus par eux-mêmes. Ils ont fourni les matériaux, & c'eſt l'eſprit qui les met en œuvre.

Celles où il entre des combinaiſons ſont proprement l'ouvrage de l'eſprit.

En faiſant des abſtractions, nous découvrons des rapports de reſſemblance & de différence entre les objets. De-là les idées générales, qui ne ſont que des idées ſommaires, & des expreſſions abrégées. *Triangle*, dit ſommairement tous les triangles de quelqu'eſpece qu'ils ſoient. Un nom abſtrait devient une idée générale ou ſommaire toutes les fois qu'il eſt la dénomination de pluſieurs choſes, qui ont des qualités communes. *Couleur, ſon, odeur, &c.* ſont tout-à-la fois idées abſtraites, & idées ſommaires ou générales : idées abſtraites, parce que ce ſont des idées parcielles que nous ſéparons des objets; idées ſommaires, parce que chacune déſigne un certain nombre de ſenſations qui viennent à l'ame par le

Les idées générales ne ſont que des idées ſommaires.

F 2

même organe. C'est sous ce point de vue qu'il faut considérer les idées abstraites & générales : sans quoi on leur donneroit plus de réalité qu'elles n'en ont. Toutes ces idées sont absolument nécessaires. Les hommes étant obligés de parler des choses, selon qu'elles diffèrent, ou qu'elles conviennent, il a fallu qu'ils pussent les rapporter à des classes distinguées par des signes.

Nous déterminons les genres & les especes d'après des connoissances souvent bien imparfaites.

Mais il faut remarquer que c'est moins par rapport à la nature des choses, que par rapport à la maniere dont nous les connoissons, que nous en déterminons les genres & les especes, ou pour parler un langage plus familier; que nous les distribuons dans des classes subordonnées les unes aux autres. Voilà pourquoi il y a souvent beaucoup de confusion dans ces sortes d'idées ; & c'est pourquoi encore elles donnent souvent lieu à des disputes frivoles. si nous avions la vue assez perçante pour découvrir dans les objets un plus grand nombre de propriétés, nous appercevrions bientôt d s différences entre ceux qui nous paroissent . plus conformes, & nous pourrions en conséquence les subdiviser en de nouvelles classes. Quoique différentes portions d'un même métal soient, par exemple, semblables par les qualités que nous leur connoissons, il ne

s'enfuit pas qu'elles le foient par celles qui
nous reftent à connoître. Si nous favions en
faire la derniere analyfe, peut-être trouverions
nous autant de différence entr'elles, que nous
en trouvons maintenant entre des métaux de
différente efpece.

Ce qui rend les idées générales fi néceffaires, c'eft la limitation de notre efprit. Dieu
n'en a nullement befoin : fa connoiffance infinie comprend tous les individus, & il ne lui
eft pas plus difficile de penfer à tous en même
temps, que de penfer à un feul. Pour nous,
la capacité de notre efprit eft remplie, non-
feulement lorfque nous ne penfons qu'à un objet, mais même lorfque nous ne le confidérons que par quelque endroit. C'eft pourquoi
nous fommes obligés, lorfque nous voulons
mettre de l'ordre dans nos penfées, de diftri-
buer les chofes en différentes claffes.

*Les idées gé-
nérales ne
font néceffai-
res que parce
que notre ef-
prit eft borné.*

C'eft donc parce que notre intelligence eft
bornée, que nous faifons des abftractions &
que nous généralifons. Mais fi dans les abftractions & dans les idées générales, on fe conduit avec méthode, l'ordre fuppléera à la limitation de l'efprit. En effet, que ne doit-on pas
à l'analyfe ? C'eft elle qui pénètre dans les détails des fciences : elle montre les rapports :

*La maniere de
nous en fervir
fuppléc à la
limitation de
notre efprit.*

F 3

elle découvre les principes généraux : & c'eſt par elle que l'eſprit s'éleve au-deſſus des ſens, & paroît penſer ſans leur ſecours. Or, analyſer c'eſt décompoſer, ſéparer; c'eſt-à-dire, abſtraire.

Les bêtes ont des idées abſtraites. Locke croit que les bêtes ne font point d'abſtractions, parce qu'il ne voit qu'une perfection dans le pouvoir que nous avons d'en former : mais cette faculté eſt un défaut dans ſon principe. D'ailleurs, pour abſtraire, il ſuffit d'avoir des ſens.

De quel ſecours les idées générales ſont à l'eſprit. Les bêtes ont donc des idées abſtraites, & même des idées générales : mais dans l'impuiſſance où elles ſont de ſe faire une langue, elles n'ont pas ces expreſſions abrégées, qui multiplient nos idées à l'infini. Le langage eſt à l'eſprit ce que la ſtatique eſt au corps : il ajoute à ſes forces. L'entendement a ſes leviers : avec leur ſecours il ſuit, il ſuſpend, il hâte, il ſoumet la nature ; & s'il fait de grandes choſes, c'eſt moins par les forces qui lui ſont propres que par l'art d'employer des forces étrangeres.

L'uſage de ces forces commence avec les idées ſommaires. C'eſt par ces idées que l'eſprit prend ſon eſſor, qu'il s'éleve, qu'il plane, qu'il redefcend, pour s'élever plus haut encore : c'eft par elles, qu'il difpofe de ce qu'il connoît pour arriver à ce qu'il ne connoît pas : enfin c'eft par elles feules, qu'il peut mettre de l'ordre dans fes connoiffances. Les idées générales font précifément dans la mémoire, ce que font dans un cabinet d'hiftoire naturelle des tablettes numérotées, fur lefquelles tout eft rangé fuivant l'ordre des matieres.

Cependant fi, comme nous l'avons dit, la néceffité de ces idées vient de la limitation de notre efprit ; & fi ce n'eft qu'à force de méthode que nous pouvons fuppléer à cette limitation, il eft à craindre qu'elles ne nous entraînent dans bien des erreurs. Il en eft une où les philofophes font tombés à ce fujet : & elle a eu de grandes fuites : ils ont réalifé toutes leurs abftractions, ou les ont regardées comme des êtres qui ont une exiftence réelle indépendamment de celle des chofes (*). Voici

On eft tombé dans l'erreur de les prendre pour des êtres.

(*). Au commencement du douzieme fiecle les Péripatéticiens formerent deux branches ; celle des Nominaux & celle des Réaliftes. Ceux-ci foutenoient que les notions générales que l'école appelle *nature univerfelle, relations, formalités* & autres, font des réalités diftinctes des chofes. Ceux-là au contraire penfoient qu'elles ne font que des

F 4

je penſe ce qui a donné lieu à une opinion auſſi abſurde.

Toutes nos premieres idées ont été particulieres : c'étoient certaines ſenſations que nous regardions comme des modifications de notre être, ou comme les qualités des objets, auxquels nous les rapportons. Or, toutes ces idées préſentent une vraie réalité, puiſqu'elles ne ſont proprement que tel ou tel être modifié de telle ou telle maniere. Nous ne ſaurions, par exemple, rien appercevoir en nous, que nous ne regardions comme à nous, comme appartenant à notre être, ou comme étant notre être de telle ou telle façon : mais parce que notre eſprit eſt trop borné pour réfléchir en même temps ſur un grand nombre de modifications,

---

noms, par où on exprime différentes manieres de concevoir ; & ils s'appuyoient ſur ce principe, *que la nature ne fait rien en vain.* C'étoit ſoutenir une bonne theſe, par une aſſez mauvaiſe raiſon ; car c'étoit convenir que ces réalités étoient poſſibles, & que pour les faire exiſter, il ne falloit que leur trouver quelque utilité. Cependant ce principe étoit appellé le *raſoir des Nominaux.* La diſpute entre ces deux ſectes fut ſi vive, qu'on en vint aux mains en Allemagne, & qu'en France Louis XI crut devoir défendre la lecture des livres des Nominaux. Ainſi l'autorité ſévit contre ceux qui avoient raiſon : l'autorité ne raiſonne pas.

il prend l'une après l'autre celles qu'il voit dans un objet : il les sépare par conséquent de leur être , il leur ôte toute leur réalité. Cependant on ne peut pas réfléchir sur rien ; car ce seroit proprement ne pas réfléchir. Comment donc ces modifications prises d'une maniere abstraite , séparément de l'être auquel elles appartiennent, & auquel elles ne participent qu'autant qu'elles y sont renfermées, deviendroient-elles l'objet de l'esprit ? C'est qu'il continue de les regarder comme des êtres. Accoutumé, toutes les fois qu'il les considére dans leur objet, à les appercevoir avec une réalité, dont pour lors elles ne sont pas distinctes ; il leur conserve, autant qu'il peut , cette même réalité dans le temps qu'il les distingue de leur sujet. Il se contredit : d'un côté il envisage ces modifications sans aucun rapport à leur être, & elles ne sont plus rien; d'un autre côté, parce que le néant ne peut se saisir , il les regarde comme quelque chose, & continue de leur attribuer cette même réalité avec laquelle il les a d'abord apperçues, quoiqu'elle ne puisse plus leur convenir. En un mot, ces abstractions , quand elles n'étoient que des idées particulieres , se sont liées avec l'idée de l'être, & cette liaison subsiste.

Quelque vicieuse que soit cette contradiction, elle est néanmoins nécessaire. Car si l'es-

prit eſt trop limité pour embraſſer tout-à-la
fois un être & ſes modifications, il faudra bien
qu'il les diſtingue, en formant des idées abſtraites ; &, quoique par là, les modifications
perdent toute la réalité qu'elles avoient, il faudra bien encore qu'il leur en ſuppoſe, parce
qu'autrement il n'en pourroit jamais faire l'objet de ſa réflexion.

C'eſt cette néceſſité qui eſt cauſe que bien
des philoſophes n'ont pas ſoupçonné que la
réalité des idées abſtraites fût l'ouvrage de l'i-
magination. Ils ont vu que nous étions for-
cés à conſidérer ces idées comme quelque choſe
de réel, ils s'en ſont tenus là ; & n'étant pas
remontés à la cauſe qui nous les fait appercevoir ſous cette fauſſe apparence, ils ont conclu qu'elles ſont en effet des êtres.

Comment on
a multiplié
ces êtres ima-
ginaires.
On a donc réaliſé toutes ces notions; mais
plus ou moins ſelon que les choſes dont
elles ſont des idées partielles, paroiſſent avoir
plus ou moins de réalité. Les idées des modifications ont participé à moins de degrés d'êtres
que celles des ſubſtances ; & celles des ſubſtances finies en ont encore eu moins que celle
de l'être infini (*).

_____

(*) Deſcartes lui-même raiſonne de la ſorte. Med.

Ces idées réalifées de la forte ont été d'une
fécondité merveilleufe. C'eft à elle que nous
devons l'heureufe découverte des *qualités occul-*
tes, des formes fubftantielles, des efpeces inten-
tionnelles ; ou pour ne parler que de ce qui eft
commun aux modernes, c'eft à elle que nous
devons ces genres, ces efpeces, ces effences &
ces différences, qui font tout autant d'êtres
qui vont fe placer dans chaque fubftance, pour
la déterminer à être ce qu'elle eft. Lorfque les
philofophes fe fervent de ces mots, *être, fub-*
ftance, effence, genre, efpece ; il ne faut pas
s'imaginer qu'ils n'entendent que certaines collections d'idées fimples qui nous viennent par
fenfation & par réflexion : ils veulent pénétrer
plus avant, & voir dans chacun d'eux des réalités fpécifiques. Si même nous defcendons dans
un plus grand détail, & que nous paffions en
revue les noms des fubftances, *corps, animal,*
homme, métal, or, argent, &c. tous dévoilent
aux yeux des philofophes des êtres cachés au
refte des hommes.

Une preuve qu'ils regardent ces mots comme
figne de quelque réalité, c'eft que, quoique
une fubftance ait fouffert quelqu'altération, ils
ne laiffent pas de demander, fi elle appartient
encore à la même efpece, à laquelle elle fe
rapportoit avant ce changement : queftion qui

Comment on
a cru connoî-
tre par ce mo-
yen les effen-
ces des chofes.

deviendroit fuperflue, s'ils mettoient les notions des fubftances & celles de leurs efpeces
dans différentes colle&ions d'idées fimples.
Lorfqu'ils demandent, fi de la glace & de la
neige font de l'eau ; fi un fœtus monftrueux
eft un homme ; fi Dieu, les efprits, les corps,
ou même le vuide font des fubftances : il eft
évident que la queftion n'eft pas, fi ces chofes
conviennent avec les idées fimples, raffem-
blées fous ces mots, *eau, homme, fubftance :*
elle fe réfoudroit d'elle-même. Il s'agit de favoir fi ces chofes renferment certaines effences,
certaines réalités qu'on fuppofe que ces mots,
eau, homme, fubftance fignifient ; & comme
on ne fait ce qu'on veut dire, on difpute & on
ne réfout rien.

**Comment on
a cru pouvoir
donner des
définitions
des fubftances**
Ce préjugé a fait imaginer à tous les philofophes qu'il faut définir les fubftances par la
différence la plus prochaine & la plus propre
à en expliquer la nature. Mais nous fommes
encore à attendre d'eux un exemple de ces
fortes de définitions. Elles feront toujours dé-
fe&ueufes par l'impuiffance où ils font de connoître les effences, impuiffance dont ils ne fe
doutent pas, parce qu'ils fe préviennent pour
des idées abftraites qu'ils réalifent, & qu'ils
prennent enfuite pour l'effence même des
chofes.

L'abus des notions abstraites réalisées se montre encore bien visiblement, lorsque les philosophes, non contents d'expliquer à leur maniere la nature de ce qui est, ont voulu expliquer la nature de ce qui n'est pas. On les a vu parler des créatures purement possibles, comme des créatures existantes, & tout réaliser, jusqu'au néant d'où elles sont sorties. Où étoient les créatures, a-t-on demandé, avant que Dieu les eût créées? La réponse est facile : car c'est demander où elles étoient, avant qu'elles fussent ; à quoi, ce me semble, il suffit de répondre qu'elles n'étoient nulle part.

L'idée des créatures possibles n'est qu'une abstraction réalisée que nous avons formée, en cessant de penser à l'existence des choses, pour ne penser qu'aux autres qualités que nous leur connoissons. Nous avons pensé à l'étendue, à la figure, au mouvement & au repos des corps, & nous avons cessé de penser à leur existence. Voilà comment nous nous sommes fait l'idée des corps possibles : idée qui leur ôte toute leur réalité, puisqu'elle les suppose dans le néant ; & qui, par une contradiction évidente, la leur conserve, puisqu'elle nous les représente comme quelque chose d'étendu, de figuré, &c.

Les philosophes n'appercevant pas cette contradiction, n'ont pris cette idée que par ce dernier endroit. En conséquence ils ont donné à ce qui n'est point, les réalités de ce qui existe : & quelques-uns ont cru résoudre d'une maniere sensible les questions les plus épineuses de la création.

On a réalisé les facultés de l'ame, ce qui a donné lieu à des questions futiles.

» Je crains, dit Locke, que la maniere » dont on parle des facultés de l'ame, n'ait » fait venir à plusieurs personnes l'idée con- » fuse d'autant d'agents qui existent distincte- » ment en nous, qui ont différentes fonctions, » & différents pouvoirs, qui commandent, » obéissent & exécutent diverses choses, comme » autant d'êtres distincts, ce qui a produit » quantité de vaines disputes, de discours » obscurs & pleins d'incertitude sur les ques- » tions qui se rapportent à ces différents pou- » voirs de l'ame. »

Cette crainte est digne d'un sage philosophe ; car pourquoi agiteroit-on comme des questions fort importantes : *si le jugement appartient à l'entendement ou à la volonté ; s'ils sont l'un & l'autre également actifs ou également libres, si la volonté est capable de connoissance, ou si ce n'est qu'une faculté aveugle ; si enfin elle commande à l'entendement, ou si*

calui-ci la guide & la détermine ? Si par *entendement* & *volonté* les philoſophes ne vouloient
exprimer que l'ame enviſagée par rapport à
certains actes qu'elle produit, ou peut produire ; il eſt évident que le jugement, l'activité
& la liberté appartiendroient à l'entendement,
ou ne lui appartiendroient pas, ſelon, qu'en
parlant de cette faculté, on conſidéreroit plus
ou moins de ces actes. Il en eſt de même de
la volonté. Il ſuffit, dans ces ſortes de cas, d'expliquer les termes, en déterminant par des
analyſes exactes les notions qu'on ſe fait des
choſes. Mais les philoſophes ayant été obligés de ſe repréſenter l'ame par des abſtractions, ils en ont multiplié l'être ; & l'entendement & la volonté ont ſubi le ſort de toutes
les notions abſtraites. Ceux · mêmes, tels que
les Cartéſiens, qui ont remarqué expreſſément
que ce ne ſont point là des êtres diſtingués de
l'ame, ont agité toutes les queſtions que je
viens de rapporter. Ils ont donc réaliſé ces
notions abſtraites contre leur intention, &
ſans s'en appercevoir. C'eſt qu'ignorant la maniere de les analyſer, ils étoient incapables
d'en connoître les défauts ; &, par conféquent,
de s'en ſervir avec toutes les précautions néceſſaires.

Les abſtractions ſont donc ſouvent des fau-

rômes que les philosophes prennent pour les
chofes mêmes. Ce qu'ils ont écrit fur l'efpace & fur la durée en eft encore un exemple.

Les abftrac-
tions réalifées
ont fait rai-
fonner mal
fur l'efpace, L'efpace pur n'eft qu'une abftraction. La
marque à laquelle on ne peut méconnoître ces
fortes d'idées, c'eft qu'on ne peut les appercevoir que par différentes fuppofitions. Comme
elles font parties de quelque notion complexe,
l'efprit ne fauroit les former, qu'en ceffant de
penfer aux autres idées partielles, auxquelles
elles font unies. C'eft à quoi les fuppofitions
l'engagent, quoique d'une maniere artificieufe.
Lorfqu'on dit, *fuppofez un corps anéanti, &
confervez ceux qui l'environnent dans la même
diftance où ils étoient*, au lieu d'en conclure
l'exiftence de l'efpace pur, nous en devrions
feulement inférer, que nous pouvons continuer de confidérer l'étendue, dans le temps
que nous ne confidérons plus les autres idées
partielles que nous avons du corps. C'eft tout
ce que peut cette fuppofition, & celles qui lui
reffemblent. Mais de ce que nous pouvons
divifer de la forte nos notions, il ne s'enfuit
pas qu'il y ait dans la nature des êtres qui répondent à chacune de nos idées partielles. Il
eft à craindre que ce ne foit ici qu'un effet
de l'imagination, qui ayant feint qu'un corps
eft

eſt anéanti, eſt obligée de feindre un eſpace entre les corps environnants : il ſe peut qu'elle ne ſe faſſe une idée abſtraite d'eſpace que parce qu'elle conſerve l'étendue même des corps, qu'elle ſuppoſe rentrés dans le néant. Ce n'eſt pas que je prétende que cet eſpace n'exiſte pas : je veux ſeulement dire que l'idée, que nous nous en formons, n'en démontre pas l'exiſtence.

Il en eſt de même de l'idée de la durée. Ce n'eſt qu'une abſtraction : c'eſt d'après la ſucceſ-ſion de nos idées, que nous nous repréſentons la durée des choſes, qui ſont hors de nous. Tout prouve donc que nous ne connoiſſons ni la nature de l'eſpace, ni celle de la durée. Mais le grand défaut des abſtractions réaliſées, c'eſt de nous perſuader que nous n'ignorons rien.

& ſur la durée.

Je ne ſais ſi après ce que je viens de dire, on pourra enfin abandonner toutes ces abſtrac-tions réaliſées : pluſieurs raiſons me font ap-préhender le contraire. 1.° Il faut ſe ſouvenir que nous avons dit que les noms des ſubſtan-ces tiennent dans notre eſprit la place que les ſujets occupent hors de nous : ils y ſont le lien & le ſoutien des idées ſimples, comme au dehors les ſujets le ſont des qualités. Voilà

Pourquoi nous ſommes portés à réali-ſer nos abſ-tractions.

Tom. IV.　　　　　　　　　G

pourquoi nous fommes toujours tentés de les rapporter à ce fujet & de nous imaginer qu'ils en expriment la réalité même.

En fecond lieu je remarquerai que nous pouvons connoître toutes les idées fimples qui entrent dans les notions que nous formons fans modele. Or l'effence d'une chofe étant, felon les philofophes, ce qui la conftitue ce qu'elle eft, c'eft une conféquence que nous puiffions dans ces occafions avoir des idées des effences : auffi leur avons-nous donné des noms. Par exemple, celui de *juftice* fignifie l'effence du jufte, celui de *fageffe* l'effence du fage, &c. C'eft peut-être là une des raifons qui ont fait croire aux fcholaftiques que pour avoir des noms qui exprimaffent les effences des fubftances, ils n'avoient qu'à fuivre l'analogie du langage ; & ils ont fait les mots de *corporéité*, d'*animalité* & d'*humanité*, pour défigner les effences, du *corps*, de l'*animal* & de l'*homme*. Ces termes leur étant devenus familiers, il eft bien difficile de leur perfuader qu'ils font vuides de fens.

En troifieme lieu, il n'y a que deux moyens de fe fervir des mots : s'en fervir après avoir fixé dans fon efprit toutes les idées fimples qu'ils doivent fignifier, ou feulement après les avoir fuppofés fignes de la réalité même des chofes. Le premier moyen eft, pour l'ordinaire, embarraffant, parce que l'ufage n'eft pas toujours affez décidé. Les hommes voyant les chofes différemment, felon l'expérience qu'ils ont acquife, il eft difficile qu'ils s'accordent fur le nombre & fur la qualité des idées de bien des noms. D'ailleurs, lorfque cet accord fe rencontre, il n'eft pas toujours aifé de faifir dans fa jufte étendue le fens d'un terme : pour cela il faudroit du temps, de l'expérience & de la réflexion. Il eft bien plus commode de fuppofer dans les chofes une réalité dont on regarde les mots comme les véritables fignes : d'entendre par ces mots, *homme*, *animal*, &c. une entité qui détermine & diftingue ces chofes, que de faire attention à toutes les idées fimples qui peuvent leur appartenir. Cette voie fatisfait tout-à-la-fois notre impatience & notre curiofité. Peut-être y a-t-il peu de perfonnes, même parmi celles qui ont le plus travaillé à fe défaire de leurs préjugés, qui ne fentent quelque penchant à rapporter tous les noms des fubftances à des réalités inconnues. Cela paroît même dans des cas où il eft facile d'éviter l'erreur, parce que nous favons bien que les idées que nous réalifons, ne font pas de véritables êtres, je veux parler des êtres moraux, tels que la *gloire*, la *guerre*, la *renom-*

G 2

mée, auxquels nous n'avons donné la dénomination d'*être*, que parce que dans les discours les plus férieux, comme dans les converfations les plus familieres, nous les imaginons fous cette idée.

Il n'en réfulte que des erreurs & un jargon, que nous prenons pour fcience.

C'eft-là certainement une grande fource d'erreurs. Il fuffit d'avoir fuppofé que les mots répondent à la réalité des chofes, pour les confondre avec elles, & pour conclure qu'ils en expliquent parfaitement la nature. Voilà pourquoi celui qui fait une queftion, & qui s'informe ce que c'eft que tel ou tel corps, croit, comme Locke le remarque, demander quelque chofe de plus qu'un nom, & que celui qui lui répond, *c'eft du fer*, croit aufli lui apprendre quelque chofe de plus. Mais avec un tel jargon, il n'y a point d'opinion quelque inintelligible qu'elle puiffe être, qui ne fe foutienne : il ne faut plus s'étonner de la vogue des différentes fectes.

D'où il arrive qu'on ne peut pas expliquer les chofes les plus fimples.

Il eft donc bien important de ne pas réalifer nos abftractions. Pour éviter cet inconvénient, je ne connois qu'un moyen, c'eft de favoir développer dès l'origine la génération de toutes nos notions abftraites. Ce moyen a été inconnu aux philofophes, & c'eft en vain qu'ils ont tâché d'y fuppléer par des définitions. La caufe de leur ignorance à cet égard, c'eft le préjugé où ils ont toujours été, qu'il falloit commencer par les idées générales : car, lorfqu'on s'eft défendu de commencer par les particulieres, il n'eft pas poffible d'expliquer les plus abftraites qui en tirent leur origine. En voici un exemple.

Après avoir défini l'impoffible, par *ce qui implique contradiction* (*); le poffible, par *ce qui ne l'implique pas*; & l'être par *ce qui peut exifter*, on n'a pas fu donner d'autre définition de l'exiftence, finon qu'elle eft *le complément de la poffibilité.* Mais je demande fi cette définition préfente quelque idée, & fi l'on ne feroit pas en droit de jeter fur elle le ridicule qu'on a donné à quelques-unes de celles d'Ariftote.

Exemple de ce jargon.

Si le poffible eft *ce qui n'implique pas contradiction*, la poffibilité eft la *non implication de contradiction.* L'exiftence eft donc le *complément de la non implication de contradiction.* Quel langage! en obfervant mieux l'ordre naturel des idées, on auroit vu que la notion de la poffibilité ne fe forme que d'après celle de l'exiftence.

(*) Wolf.

G 3

Je penfe qu'on n'adopte ces fortes de définitions, que parce que, connoiffant d'ailleurs la chofe définie, on n'y regarde pas de fi près. L'efprit qui eft frappé de quelque clarté, la leur attribue, & ne s'apperçoit pas qu'elles font inintelligibles. Cet exemple fait voir combien il eft important de fubftituer toujours des analyfes aux définitions des philofophes. Je crois même qu'on devroit porter le fcrupule jufqu'à éviter de fe fervir des expreffions dont ils paroiffent le plus jaloux. L'abus en eft devenu fi familier, qu'il eft difficile, quelque foin qu'on fe donne, qu'elles ne faffent mal faifir une penfée au commun des lecteurs. Locke en eft un exemple. Il eft vrai qu'il n'en fait pour l'ordinaire que des applications fort juftes : mais on l'entendroit dans bien des endroits avec plus de facilité, s'il les avoit entiérement bannies de fon ftyle. Je n'en juge au refte que par la traduction.

Ces détails font voir quelle eft l'influence des idées abftraites. Si leurs défauts ignorés ont fort obfcurci toute la métaphyfique : aujourd'hui qu'ils font connus, il ne tiendra qu'à nous d'y remédier.

CHAPITRE IX.

Des principes généraux & de la synthese.

La facilité d'abstraire & de décomposer a introduit de bonne heure l'usage des propositions générales. On ne put être long-temps sans s'appercevoir, qu'étant le résultat de plusieurs connoissances particulieres, elles sont propres à soulager la mémoire, & à donner de la précision au discours. Mais elles dégénérerent bientôt en abus, & donnerent lieu à une maniere de raisonner fort imparfaite. En voici la raison.

Comment les propositions générales ont été regardées comme des principes propres à conduire à des découvertes.

Les premieres découvertes dans les sciences ont été si simples & si faciles, que les hommes les ont faites sans le secours d'aucune méthode. Ils ne purent même imaginer des regles, qu'après avoir déja fait des progrès, qui les ayant mis dans la situation de remarquer com-

G 4

ment ils étoient arrivés à quelques vérités, leur firent connoître comment ils pouvoient parvenir à d'autres. Ainsi ceux qui firent les premieres découvertes, ne purent montrer quelle route il falloit prendre pour les suivre, puisqu'eux-mêmes ils ne savoient pas encore quelle route ils avoient tenue. Il ne resta d'autres moyens pour en montrer la certitude, que de faire voir qu'elles s'accordoient avec les propositions générales que personne ne révoquoit en doute. Cela fit croire que ces propositions étoient la vraie source de nos connoissances. On leur donna en conséquence le nom de *principe* : & ce fut un préjugé généralement reçu, & qui l'est encore, qu'on ne doit raisonner que par principes (*). Ceux qui découvrirent de nouvelles vérités, crurent, pour donner une plus grande idée de leur pénétration, devoir faire un mystere de la méthode qu'ils avoient suivie. Ils se contenterent de les exposer par le moyen des principes généralement adoptés ; & le préjugé reçu s'accré-

(*) Je n'entends point ici par *principes* des observations confirmées par l'expérience. Je prends ce mot dans le sens ordinaire aux philosophes, qui appellent *principes* les propositions générales & abstraites sur lesquelles ils bâtissent leurs systêmes.

ditant de plus en plus , fit naître des fyſtèmes
fans nombre.

L'inutilité & l'abus des principes paroît fur-
tout dans la fynthefe : méthode où il femble qu'il foit défendu à la vérité de paroître qu'elle n'ait été précédée d'un grand
nombre d'axiomes, de définitions & d'autres
propofitions prétendues fécondes. L'évidence
des démonftrations mathématiques, & l'ap-
probation que tous les favants donnent à cette maniere de raifonner, fuffiroient pour perfuader que je n'avance qu'un paradoxe infou-
tenable. Mais il n'eſt pas difficile de faire
voir que ce n'eſt point à la méthode fynthé-
tique que les mathématiques doivent leur
certitude. En effet , fi cette fcience avoit
été fufceptible d'autant d'erreurs , d'obfcurités & d'équivoques que la métaphyfique , la
fynthefe auroit été tout-à-fait propre à les
entretenir & à les multiplier de plus en plus;
& fi les idées des mathématiciens font exactes, c'eſt qu'elles font l'ouvrage de l'analyfe.
La méthode que je blâme, peu propre à corriger un principe vague, une notion mal déterminée , laiffe fubfifter tous les vices d'un
raifonnement, ou les cache fous les apparences d'un grand ordre , qui eſt auffi fuperflu
qu'il eſt fec & rebutant. Je renvoie pour s'en

*L'inutilité &
l'abus de ces
principes pa-
roiffent fur-
tout dans la
fynthefe.*

convaincre aux ouvrages de méthaphysique, de morale & de théologie, où l'on a voulu s'en servir (*).

Il suffit de considérer qu'une proposition générale n'est que le resultat de nos connoissances particulieres, pour s'appercevoir qu'elle ne peut nous faire descendre qu'aux connoissances qui nous ont élevés jusqu'à elle, ou qu'à celles qui auroient également pu nous en frayer le chemin. Par conséquent, bien loin d'en être le principe, elle suppose qu'elles sont toutes connues par d'autres moyens, ou que du moins elles peuvent l'être. En effet, pour exposer la vérité avec l'étalage des principes que demande la synthese, il est évident qu'il

---

(*) Descartes, par exemple, a-t-il répandu plus de jour sur ses méditations métaphysiques, quand il a voulu les démontrer selon les regles de cette méthode ? peut-on trouver de plus mauvaises démonstrations que celles de Spinosa ? Je pourrois encore citer Mallebranche, qui s'est quelquefois servi de la synthese : Arnaud qui en a fait usage dans un assez mauvais traité sur les idées & ailleurs ; l'auteur de l'Action de Dieu sur les créatures, & plusieurs autres. On diroit que ces écrivains se sont imaginés que pour démontrer géométriquement, ce soit assez de mettre dans un certain ordre les différentes parties d'un raisonnement, sous les titres d'*axiomes*, de *définitions*, de *demandes*, &c.

faut déja en avoir connoiſſance. Cette méthode propre tout au plus à démontrer d'une maniere fort abſtraite des choſes qu'on pourroit
prouver d'une maniere bien plus ſimple, éclaire
d'autant moins l'eſprit, qu'elle cache la route
qui conduit aux découvertes. Il eſt même à
craindre qu'elle n'en impoſe, en donnant de
l'apparence aux paradoxes les plus faux; parce qu'avec des propoſitions détachées & ſouvent fort éloignées les unes des autres, il eſt
aiſé de prouver tout ce qu'on veut, ſans qu'il
ſoit facile d'appercevoir par où un raiſonnement péche : on en peut trouver des exemples
en métaphyſique. Enfin elle n'abrége pas, comme on ſe l'imagine communément ; car il n'y a
point d'auteurs qui tombent dans des redites
plus fréquentes, & dans des détails plus inutiles que ceux qui s'en ſervent.

Il me ſemble, par exemple, qu'il ſuffit de
réfléchir ſur la maniere dont on ſe fait l'idée
d'un tout & d'une partie, pour voir évi-
demment que le tout eſt plus grand que ſa
partie. Cependant pluſieurs géometres modernes, après avoir blâmé Euclide, parce
qu'il a négligé de démontrer ces ſortes de propoſitions, entreprennent d'y ſuppléer. En effet, la ſyntheſe eſt trop ſcrupuleuſe pour laiſ-
ſer rien ſans preuve : voici comment un géo-

Ils donnent lieu à des dé-monſtrations frivoles.

metre a la précaution de prouver que le tout
est plus grand que sa partie.

Il établit d'abord pour définition, qu'*un
tout est plus grand, dont une partie est égale à
à un autre tout* ; & pour axiome, que *le même
est égal à lui-même;* c'est la seule proposition
qu'il n'entreprend pas de démontrer. Ensuite il
raisonne ainsi.

» Un tout, dont une partie est égale à un
» autre tout, est plus grand que cet autre tout
» (par la déf.); mais chaque partie d'un tout
» est égale à un autre tout, c'est-à-dire, à elle-
» même (par l'axiome); donc un tout est plus
» grand que sa partie (*).

J'avoue que ce raisonnement auroit besoin
d'un commentaire pour être mis à ma portée.

_____

(*) Cette démonstration est tirée des éléments de mathématiques de M. Wolf. La voici dans les termes de l'auteur §. 18. déf. *majus est cujus pars alteri toti æqualis est;
minus vero, quod parti alterius æquale.* §. 73. Axiom. *idem
est æquale sibimet ipsi* Théor. *totum majus est sua parte.*
Démonstr. *cujus pars alteri toti æqualis est id ipsum altero
majus,* (§. 18.) Sed quælibet pars totius, hoc est, sibi
ipsi æqualis est. (§. 73.) *Ergo totum qualibet sua majus
est.*

Quoiqu'il en soit, il me paroît que la définition n'est ni plus claire, ni plus évidente que le théorême, & que par conséquent elle ne sauroit servir à sa preuve. Cependant on donne cette démonstration pour exemple d'une analyse parfaite : car, dit-on, *elle est renfermée dans un syllogisme, dont une prémisse est une définition, & l'autre une proposition identique ; ce qui est le signe d'une analyse parfaite.*

Si c'est-là tout le secret de l'analyse, on conviendra que c'est une méthode bien frivole. Les géometres en ont une meilleure. Les progrès qu'ils ont faits, suffiroient pour le prouver. Peut-être même leur analyse ne paroît-elle si éloignée de pouvoir être employée dans les autres sciences, que parce que les signes en sont particuliers à la géométrie. Quoiqu'il en soit, il n'y a qu'une bonne maniere de raisonner : celle qui commence par décomposer, afin de montrer dans une gradation simple la génération des idées que nous nous faisons. Ennemie des notions vagues, & de tout ce qui peut être contraire à l'exactitude & à la précision, ce n'est point à l'aide des maximes générales & des définitions de mot, qu'elle cherche la vérité, c'est avec le secours du calcul : elle ajoute, elle souftrait, &

elle tend, s'il eſt poſſible, à épuiſer les combinaiſons.

A quoi ſe bor-
ne l'uſage
qu'on doit fai-
re des princi-
pes généraux. Quant aux principes généraux, ce ne ſont
que des réſultats, qui peuvent tout au plus
ſervir à marquer les principaux endroits par
où on a paſſé. Ainſi que le fil du labyrinthe,
inutiles quand nous voulons aller en avant,
ils ne ſont que faciliter les moyens de revenir ſur nos pas. S'ils ſont propres à ſoulager la
mémoire, & à abréger les diſputes, en indiquant
briévement les vérités dont on convient de
part & d'autre, ils deviennent ordinairement
ſi vagues, que, ſi on n'en uſe avec précaution,
ils multiplient les diſputes & les ſont dégéné-
rer en pures queſtions de mot. Le ſeul moyen
d'acquérir des connoiſſances eſt donc de remonter à l'origine de nos idées, d'en ſuivre
la génération, & de les comparer ſous tous
les rapports poſſibles, c'eſt-à-dire de décompoſer & ſcompoſer méthodiquement ce que
j'appelle *analyſer*.

Pour arriver à
des découver-
tes, il faut dé-
compoſer &
compoſer.] Il eſt vrai qu'on fait ordinairement deux
méthodes de ce que je renferme en une ſeule.
On veut que l'analyſe ne ſoit que ce qu'elle
ſignifie littéralement, une décompoſition; &
on fait de l'art de compoſer une méthode à
part, à laquelle on donne le nom de ſyntheſe.

En diftinguant l'analyfe & la fynthefe, on donne lieu de croire qu'il eft libre de choifir entre elles. Voilà pourquoi tant de philofophes entreprennent d'expliquer la compofition & la génération des chofes qu'ils n'ont jamais décompofées ; & c'eft la fource de quantité de mauvais fyftêmes. Que penferoit-on d'un homme qui, fans démonter, fans même ouvrir une montre, dont il ne connoîtroit point les refforts, établiroit des principes généraux pour en expliquer le méchanifme ? Telle eft cependant la conduite de ceux qui fe bornent uniquement à la fynthefe. Il eft donc certain qu'on ne fait des progrès dans la recherche de la vérité, qu'autant que l'art de compofer & celui de décompofer fe réuniffent dans une même méthode. Il faut les connoître tous deux également, & faire continuellement ufage de l'un & de l'autre.

Le fyllogifme eft le grand inftrument de la fynthefe. Sur le principe que *deux chofes égales à une troifieme font égales entre elles*, les logiciens ont imaginé des idées qu'ils appellent *moyennes* ; & comparant féparément à la même idée moyenne deux idées, dont ils veulent démontrer le rapport, ils font deux propofitions, & ils tirent une conclufion qui énonce ce rapport. Tel eft l'artifice du fyllogifme : mais c'eft

Abus des fyllogifmes.

faire confifter le raifonnement dans la forme
du difcours, plutôt que dans le développement
des idées. Voici un exemple, tel qu'ils en donnent eux-mêmes :

Les méchants méritent d'être punis.

Or, les voleurs font méchants ;

Donc les voleurs méritent d'être punis.

Méchants eft l'idée moyenne qui convient dans
une propofition à *méritent d'être punis*, & dans
l'autre à *voleurs* ; & *les voleurs méritent d'être
punis* eft la conclufion.

Rien n'eft plus frivole que cette méthode ;
car il fuffit de décompofer l'idée de voleur,
& celle d'un homme qui mérite d'être
puni, pour découvrir une identité entre l'une
& l'autre. Dès-lors il eft démontré que le
voleur mérite punition. Il importe peu de la
forme que je donne à mon raifonnement :
toute la force de la démonftration eft dans
l'identité, que la décompofition des idées rend
fenfible.

Il ne fauroit y avoir d'inconvénient à décompofer des idées & à les comparer partie par
partie ; il eft même évident que c'eft l'unique
moyen

moyen d'en découvrir les rapports. La géométrie ne connoît pas d'autre méthode : elle ne
mesure qu'en décomposant, & les idées moyennes, dont les logiciens font tant d'usage, ne
font qu'une source d'abus.

On dit communément qu'il faut avoir des
principes. On a raison ; mais je me trompe
fort, ou la plupart de ceux qui répétent cette
maxime, ne savent guere ce qu'ils exigent. Il me
paroît même que nous ne comptons pour principes, que ceux que nous avons nous-mêmes
adoptés ; & en conséquence nous accusons les
autres d'en manquer, quand ils refusent de
les recevoir. Si l'on entend par *principes* des
propositions générales qu'on peut au besoin appliquer à des cas particuliers, qui est-ce qui
n'en a pas? mais aussi quel mérite y a-t-il à
en avoir? Ce sont des maximes vagues, dont
rien n'apprend à faire de justes applications.
Dire d'un homme qu'il a de pareils principes,
c'est faire connoître qu'il est incapable d'avoir
de idées nettes de ce qu'il pense. Si l'on doit
donc avoir des principes, ce n'est pas qu'il
faille commencer par-là, pour descendre ensuite à des connoissances moins générales ; mais
c'est qu'il faut avoir bien étudié les vérités
particulieres, & s'être élevé d'abstraction en
abstraction, & par une suite d'analyses jus-

qu'aux propositions universelles. Ces sortes de
principes font naturellement déterminés par
les connoissances particulieres qui y ont conduit ; on en voit toute l'étendue , & l'on peut
s'affurer de s'en servir toujours avec exactitude.
Dire qu'un homme a de pareils principes, c'est
donner à entendre qu'il connoît parfaitement
les arts & les sciences dont il fait son objet,
& qu'il apporte par-tout de la netteté & de la
précision.

CHAPITRE X.

Des propositions identiques & des propositions instructives, ou des définitions de mot & des définitions de chose.

Les idées abstraites & les principes généraux font un système de toutes nos connoissances : c'est le résultat, l'expression abrégée de nos découvertes : c'est un sommaire qui marque entre nos idées une liaison plus ou moins sensible, à proportion que nous avons étudié avec plus ou moins de méthode.

Après avoir observé nos connoissances dans les principes généraux, il les faut observer dans les propositions particulieres.

Si nous descendons dans le détail , nous trouvons chaque connoissance exprimée par une proposition , & chaque proposition exprimée par des mots dont la signification doit être déterminée. Après avoir parlé des idées abstraites & des principes généraux , il est

H 2

donc naturel de traiter des propofitions & des définitions.

Toute propo-
fition vraie eft
une propofi-
tion identi-
que.
Si une propofition identique eft , comme on le dit, celle où la même idée eft affirmée d'elle-même, toute vérité eft une propofition identique. En effet cette propofition, *l'or eft jaune, pefant, fufible, &c.* n'eft vraie , que, parce que je me fuis formé de l'or une idée complexe qui renferme toutes ces qualités. Si , par conféquent, nous fubftituons l'idée complexe au nom de la chofe, nous aurons cette propofition : *ce qui eft jaune , pefant, fufible , eft jaune, pefant , fufible.*

En un mot , une propofition n'eft que le développement d'une idée complexe en tout ou en partie. Elle ne fait donc qu'énoncer ce qu'on fuppofe déja renfermé dans cette idée : elle fe borne donc à affirmer que le même eft le même.

Cela eft fur-tout fenfible dans cette propofition & fes femblables : *deux & deux font quatre.* On le remarqueroit encore dans toutes les propofitions de géométrie, fi on les obfervoit dans l'ordre où elles naiffent les unes des autres. La même idée eft également affirmée d'elle-même dans *les trois angles d'un triangle font égaux à deux droits , & dans la demi-circonférence du cercle eft égale à la demi-circonférence du cercle.*

Les fciences humaines ne font-elles donc qu'un recueil de propofitions frivoles ? On l'a reproché aux mathématiques ; mais ce reproche eft fans fondement.

Un être penfant ne formeroit point de propofitions, s'il avoit toutes les connoiffances, fans les avoir acquifes, & fi fa vue faififfoit à la fois & diftinctement toutes les idées & tous les rapports de ce qui eft. Tel eft Dieu : toute vérité eft pour lui comme deux & deux font quatre , & rien fans doute n'eft fi frivole à fes yeux que cette fcience, dont nous enflons notre orgueil, quoiqu'elle foit bien propre à nous convaincre de notre foibleffe.

Un enfant qui apprend à compter , croit faire une découverte, la premiere fois qu'il remarque que deux & deux font quatre. Il ne fe trompe pas ; c'en eft une pour lui. Voilà ce que nous fommes.

Comment une propofition identique peut être inftructive.

Quoique toute propofition vraie foit en elle-même identique, elle ne doit pas le paroî-

H 3

tre à celui qui remarque pour la premiere fois le rapport des termes, dont elle eſt formée. C'eſt au contraire une propoſition inſtructive, une découverte.

Une propoſi-
tion, inſtructi-
ve pour un eſ-
priſ, peut n'ê-
tre qu'identi-
que pour un
autre. Par conſéquent, une propoſition peut être identique pour vous & inſtructive pour moi. *Le blanc eſt blanc*, eſt identique pour tout le monde, & n'apprend rien à perſonne. *Les trois angles d'un triangle ſont égaux à deux droits*, ne peut être identique que pour un géo-metre.

Ce n'eſt donc point en elle-même, qu'il faut conſidérer une propoſition, pour dé-terminer ſi elle eſt identique ou inſtruc-tive ; mais c'eſt par rapport à l'eſprit qui en juge.

Une intelligence d'un ordre ſupérieur pour-roit à ce ſujet regarder nos plus grands phi-loſophes, comme nous regardons nous-mêmes les enfants : elle pourroit, par exemple, don-ner pour un des premiers axiomes de géomé-trie *le quarré de l'hypoténuſe eſt égal aux quar-rés des deux autres côtés.* Cependant que ſe-roit-elle dans les ſciences qu'elle ſe flatteroit d'avoir approfondies ? un recueil de propoſi-tions, où elle diroit de mille manieres dif-

férentes *le même est le même*. Elle appercevroit au premier coup d'œil l'identité de toutes nos propositions, parce que ses lumieres
seroient supérieures aux nôtres; & parce qu'il
y auroit encore des ténebres pour elle, elle
feroit des analyses pour faire des découvertes,
c'est à dire, pour faire des propositions identiques. Ce n'est qu'à des esprits bornés, qu'il
appartient de créer des sciences.

Il y a deux raisons qui font qu'une proposition identique en elle-même est instructive
pour nous. La premiere, c'est que nous n'acquérons que l'une après l'autre les idées partielles, qui doivent entrer dans une notion
complexe. Je vois de l'or, je connois qu'il
est jaune; je le saisis, je sens qu'il est pesant;
je le mets au feu, je découvre qu'il est fusible : d'autres expériences m'apprennent également qu'il est malléable, ductile, &c. Ainsi
quand je dis *l'or est ductile, malléable*, c'est la
même chose que si je disois : *ce corps que je
savois être jaune, pesant & fusible, est encore
ductile & malléable.*

La seconde raison est dans l'impuissance
où nous sommes d'embrasser à la fois distinctement toutes les idées partielles, que nous
avons renfermées dans une notion complexe.

Pourquoi une
proposition,
identique en
soi est instructi-
ve pour nous.

H 4

Quand je prononce le mot *or*, par exemple, je me repréfente confufément certaines propriétés : mais ces propriétés paffent diftinctement devant mon efprit, toutes les fois que j'affirme que ce métal eft jaune ; qu'il eft pefant, &c. & ces propofitions font inftructives, parce qu'en les formant, je rapprends ce que l'expérience m'avoit découvert.

Pourquoi l'identité des propofitions échappe dans les fciences de calcul,

L'identité des propofitions nous échappe dans les fciences de calcul par une raifon particuliere aux méthodes que les mathématiciens font obligés de fuivre : car s'ils marchent toujours furement, ils ne voient pas toujours où ils font. Le fil qu'ils fuivent, les conduit hors du labyrinthe ; mais il ne fuffit pas pour leur donner toujours une idée des lieux par où ils paffent. Ils commencent par des vérités frivoles en apparence ; cependant, quand on avance avec eux, les propofitions deviennent inftructives, & nous ne fommes plus capables d'en remarquer l'identité.

Comment on la faifit en métaphyfique.

En métaphyfique les idées n'échappent jamais aux efprits qui font faits pour les faifir. C'eft là que d'une feule & même idée on voit fenfiblement naître tout un fyftême. Tel eft celui où nous avons démontré que la fenfation devient fucceffivement attention, mémoire, comparaison, jugement, réflexion, &c. idée simple, complexe, sensible, intellectuelle, &c. il renferme une suite de propositions instructives par rapport à nous, mais toutes identiques en elles-mêmes ; & chacun remarquera que cette maxime générale qui comprend tout ce système, *les connoissances & les facultés humaines ne sont dans le principe que sensation*, peut être rendue par une expression plus abrégée, & tout-à-fait identique ; car étant bien analysée, elle ne signifie autre chose, sinon que *les sensations sont des sensations*. Si nous pouvions dans toutes les sciences suivre également la génération des idées, & saisir par-tout le vrai système des choses, nous verrions d'une vérité naître toutes les autres, & nous trouverions l'expression abrégée de tout ce que nous saurions dans cette proposition identique, *le même est le même*.

Il y a trois sortes de définitions. L'une est une proposition, qui explique la nature de la chose : les mathématiques & la morale en donnent des exemples. L'autre ne remonte pas jusqu'à la nature de la chose ; mais parmi les propriétés connues, elle en saisit une d'où toutes les autres découlent. Telle est celle-ci, *l'ame est un être capable de sensation*. Ces sortes de définitions sont imparfaites : encore est-

Trois sortes de définitions.

il rare d'en pouvoir faire d'auſſi bonnes. Car
plus nous connoiſſons de propriétés dans un
objet, plus il nous eſt difficile d'en découvrir
une qui ſoit le principe des autres. Il ne nous
reſte donc qu'à faire l'énumération de toutes
ces propriétés, à décrire la choſe comme nous
la voyons ; & c'eſt la derniere eſpece de définitions.

Comment les
définitions de
mot ſont des
définitions de
choſe.

Toute définition de mot eſt en ſoi une définition de choſe ; & par conſéquent une propoſition inſtructive. Mais c'eſt un effet des
bornes de notre eſprit, s'il y a des propoſitions inſtructives & des définitions de choſe.
Les analyſes, par exemple, que j'ai faites
des opérations de l'ame, ſont des définitions de
choſe pour celui qui ne ſe connoît pas encore, & pour celui qui, ſe connoiſſant, ne
peut pas ſaiſir d'un même coup d'œil la génération de toutes nos facultés, c'eſt-à-dire,
pour tout le monde. Mais des eſprits d'un
ordre ſupérieur ne les regarderoient que
comme des définitions de mots, propres à
leur faire connoître l'uſage des différents noms
que nous donnons à la ſenſation. Il faut faire
ici les mêmes raiſonnements, que nous avons
faits ſur les propoſitions.

Recherches   J'ai cru qu'il étoit utile, & qu'il ſuffiſoit

d'apprécier la valeur des propofitions & des dé- inutiles des
finitions ; & j'ai négligé les détails où entrent logiciens.
les logiciens. Qu'importe de favoir combien
il y a de fortes de propofitions & de fyllogifmes ? Quel avantage retire-t-on de toutes ces
regles, qu'on a imaginées pour les raifonnemens ? qu'on fache fe faire des idées exactes, & on faura raifonner.

CHAPITRE XI.

De notre ignorance fur les idées de fubftance, de corps, d'efpace, & de durée.

Les métaphyſiciens font bien des efforts pour ſonder la nature de ces choſes : mais je crois devoir me borner à établir les idées que nous en formons. S'ils avoient commencé par cette étude, ils ſe feroient épargné bien des travaux.

Nous nous connoiſſons par les ſenſations que nous éprouvons, ou par celles que nous avons éprouvées & que la mémoire nous rappelle. Mais quel eſt cet être, où nos ſenſations ſe ſuccedent ? Il eſt évident que nous ne l'appercevons point en lui-même : il ne ſe connoîtroit pas, s'il ne ſe ſentoit jamais ; il ne ſe connoît que comme quelque choſe qui eſt deſſous ſes ſenſations : & en conſéquence nous l'appellons *ſubſtance*.

Nous ne con noiſſons le ſu jet de nos ſen ſations que par les ſenſa tions qu'il éprouve.

Ces mêmes senfations deviennent les qualités des objets fenfibles, lorfque le fentiment
de folidité nous oblige de les rapporter au-de-
hors, & d'en former ces différentes collections, auxquelles nous donnons le nom de
corps. Nous nous repréfentons quelque chofe
pour les recevoir, quelque chofe que nous
imaginons encore deffous, & que par cette
raifon nous nommons encore *fubftance.* Mais
dans le vrai nos fenfations n'exiftent point
hors de nous, elles ne font qu'où nous fommes, & cette queftion *qu'eft-ce que la fubftance
des corps,* fe réduit à celle-ci : *qu'eft-ce qui
foutient nos fenfations hors de nous, qu'eft-ce
qui les foutient où elles ne font pas.* Pour faire
une queftion plus raifonnable, il faudroit demander, *qu'y a-t-il hors de nous, quand
nos fens nous font juger qu'il y a des qualités qui n'y font pas ?* A quoi tout le monde devroit répondre : *il y a certainement
quelque chofe ; mais nous n'en connoiffons pas
la nature.*

Ce n'eft pas ce qu'on a fait. Chacun au
contraire a voulu expliquer l'effence de la fubftance, comme s'il étoit poffible d'appercevoir
dans les objets autre chofe, que nos fenfations : par les apparences fous lefquelles les
êtres fe montrent à nous, on a voulu juger

de ce qu'ils font en réalité ; & les volumes se font multipliés, parce qu'on n'a jamais tant de chofes à dire, que lorfqu'on part d'un faux principe. Voilà pourquoi la métaphyfique eft fouvent la plus frivole de toutes les fciences.

**L'étendue &
le mouve-
ment font
deux phéno-
menes, que
tous les autres
fuppofent.**

Rien dans l'univers n'eft vifible pour nous : nous n'appercevons que les phénomenes produits par le concours de nos fenfations.

Tous ces phénomenes font fubordonnés. Le premier, celui que les autres fuppofent, c'eft l'étendue. Car nos fenfations ne nous repréfentent la figure, la fituation, &c. que comme une étendue différemment modifiée. Le mouvement eft le fecond : c'eft lui qui paroît produire toutes les modifications de l'étendue. Enfin l'un & l'autre concourent à la génération de tout ce que nous appellons *objets fenfibles*.

**Ces phéno-
menes ne font
pas connoître
la réalité des
chofes,**

Mais gardons nous bien de penfer que les idées que nous avons de l'étendue & du mouvement, font conformes à la réalité des chofes. Quels que foient les fens, qui nous donnent ces idées, il ne nous eft pas poffible de paffer de ce que nous fentons à ce qui eft.

Cependant les philosophes ne se croient pas si bornés : ils agitent une infinité de questions sur l'étendue, sur le corps, sur la matiere, sur l'espace, sur la durée. Ils ne savent pas qu'ils n'ont que des sensations. Il est inutile d'examiner en détail tous ce qu'ils ont dit à ce sujet. On verra combien ils sont peu fondés dans leurs raisonnements, si on considére comment nous nous formons toutes ces idées.

Erreur des philosophes à ce sujet.

Ainsi qu'une succession de sensations donne l'idée de durée, une coëxistence de sensations donne l'idée d'étendue, & nous avons plusieurs sensations, qui peuvent également produire ces phénomenes. L'idée d'étendue, d'abord acquise par les sensations du toucher, peut encore être retracée par les sensations de la vue, & l'idée de durée peut venir à nous par tous les sens.

Idée qu'on se fait de la durée & de l'étendue.

Or, plus il y a de sensations différentes auxquelles nous pouvons devoir une idée, plus cette idée nous paroîtra indépendante de chaque espece de sensations en particulier : & bientôt nous serons portés à croire qu'elle est indépendante de toute sensation. Ainsi, parce que l'idée de durée subsiste également, lorsqu'on substitue aux sensations de la vue celles de l'odorat, à celles de l'odorat celles de l'ouie, &c. on juge qu'on pourroit l'avoir sans la vue, sans l'odorat, sans l'ouie ; on conclut précipitamment qu'on l'auroit encore, quand même on auroit été privé de tous les sens, & on ne doute pas qu'elle ne soit innée. Voilà pourquoi on a été si long-temps avant de re-marquer que la durée n'est par rapport à nous que la succession de nos perceptions.

Le phénomene de l'étendue se conserve éga-lement, quoique nos sensations varient. Le toucher le fait naître, la vue le reproduit, & la mémoire le retrace, parce qu'elle nous rap-pelle les sensations du toucher & de la vue. Nous paroissons donc fondés à le croire indé-pendant de chacune de ces causes en particu-lier. Mais on va plus loin : on croit que nous voyons l'étendue en elle-même, & cependant l'idée que nous en avons, n'est que la coexis-tence de plusieurs sensations que nous rappor-tons hors de nous.

Si nous comptons la solidité parmi ces sen-sations coexistentes, nous aurons l'idée de ce que nous appellons *corps* ; si par une abstrac-tion, nous retranchons la solidité, nous au-rons l'idée de ce que nous appellons *vuide*, *espace pénétrable* ; si considérant l'étendue so-lide, le corps, nous faisons abstraction de la variété des sensations, que produisent les dif-

férents

férents phénomenes des objets fenfibles, nous aurons l'idée d'une matiere fimilaire dans toutes fes parties. Mais ces abftractions ne font que décompofer nos fenfations : elles n'y ajoutent rien, elles en retranchent au contraire, & ce qui refte n'eft jamais qu'une partie de fenfation.

Cependant les philofophes adoptent ces abftractions ou les rejettent, & ils difputent entr'eux, comme s'il s'agiffoit des premiers principes des chofes. Si l'intérêt de Defcartes eft que toute étendue foit folide, celui de Newton eft qu'il y ait un efpace vuide; & c'en eft affez pour que l'un faffe une abftraction que l'autre n'a pas voulu faire. Ce qui m'étonne, c'eft que Locke prenne parti dans ces fortes de controverfes. Ne devoit-il pas fe borner à développer les idées qui en font l'objet? Dans le fyftême des idées originaires des fens, rien n'eft fi frivole que de raifonner fur la nature des chofes : nous ne devons étudier que les rapports qu'elles ont à nous. C'eft tout ce que les fens peuvent nous apprendre.

Jugement de Defcartes & de Newton fur l'étendue

Quand Locke dit (*) " la durée eft une Jugement de

(*) Liv. 2. chap. 15. §. 11.

» commune mefure de tout ce qui exifte, de
» quelque nature qu'il foit ; une mefure à
» laquelle toutes chofes participent également
» pendant leur exiftence. . . . Tout de même
» que fi toutes chofes n'étoient qu'un feul
» être ». Sur quoi fonde-t-il cette affertion?
Vous ne connoiffez , lui dirois-je , la durée
que par la fucceffion de vos penfées. Vous
n'appercevez donc pas immédiatement la durée des chofes, & vous n'en jugez que par la
durée même de votre être penfant. Vous ap-
pliquez votre propre durée à tout ce qui eft
hors de vous, & vous imaginez par ce moyen
une mefure commune & commenfurable, inftants pour inftants, à la durée de tout ce qui
exifte. N'eft-ce donc pas là une abftraction
que vous réalifez ? Mais Locke oublie quelquefois fes principes.

J'ai prouvé ailleurs que l'idée de durée ne
nous offre rien d'abfolu. En voici une nouvelle
preuve.

Qu'un corps foit mu en rond avec une vîteffe qui furpaffe l'activité de nos fens; nous
ne verrons qu'un cercle parfait & entier. Mais
donnons d'autres yeux à d'autres intelligences, elles verront ce corps paffer fucceffivement d'un point de l'efpace à l'autre. Elles
diftingueront donc plufieurs inftants, où nous

n'en pouvons remarquer qu'un feul. Par conféquent la préfence d'une feule idée à notre efprit, ou un feul inftant de notre durée coëxiftera à plufieurs idées qui fe fuccédent dans ces intelligences, à plufieurs inftants de leur durée.

Mais ce corps pourroit être mu fi rapidement, qu'il n'offriroit qu'un cercle aux yeux de ces intelligences; pendant qu'à d'autres yeux il paroîtroit paffer fucceffivement d'un point de la circonférence à l'autre. Nous pouvons même continuer ces fuppofitions, & nous ne faurions où nous arrêter. Nous n'arriverons donc jamais à cette mefure commune de durée, dont Locke croit fe faire une idée.

Les réflexions que nous venons de faire me fourniffent l'occafion de réfoudre la queftion, *fi l'ame penfe toujours.* J'ajoute pour cet effet deux conditions à la fuppofition d'un corps mu circulairement. Je fuppofe d'abord qu'on me cache les deux arcs oppofés du cercle qui eft décrit, afin que je ne puiffe voir ce corps que dans les deux points A & B, extrêmités du diametre. Je fuppofe enfuite que ce corps foit mu avec une telle vîteffe, qu'il fe faffe voir fucceffivement dans les points A & B, & me donne deux perceptions fi immédiates,

Si l'ame penfe toujours.

L 2

que je ne puiſſe avoir conſcience d'aucun intervalle de l'une à l'autre. Il eſt évident qu'à
chaque révolution de ce corps, il n'y aura
pour moi que deux inſtants dans la durée de
mon ame ; & qu'il y en aura dans la durée
du mouvement de ce corps, autant qu'il y a
de points dans les arcs A B & B A. Or, que
la perception de mon ame quand le corps
mu en A, figure. celle qui précéde le ſommeil, & que ſa perception, quand ce même
corps eſt en B, figure celle qui commence le
réveil : le corps qui va par l'arc de cercle d'A
à B, repréſentera mon corps qui va de l'inſtant
où je viens de m'endormir, à celui où je me
réveille, & qui ſe cache à l'ame, ou qui n'y
produit plus de perception. Je pourrois donc
dire que la derniere perception de l'ame quand
on s'endort, & la premiere quand on s'é-
veille, forment deux inſtants, qui coëxiſtent
non-ſeulement aux deux inſtants où le corps
ſe trouve lorſqu'il les occaſionne, mais encore
à tous ceux par où il paſſe, tant que le ſommeil dure. En un mot, la ſucceſſion qui ſe fait
dans le corps pendant le ſommeil, eſt nulle
par rapport à l'ame, qui ne peut avoir confcience d'aucun intervalle entre la perception
qui précéde en elle le ſommeil, & celle qui
commence le réveil. Le corps pourroit donc
eſſuyer des milliers d'inſtants, qui ne coëxiſte-
roient qu'à deux inſtants de la durée de l'ame.

Ainsi l'ame pense toujours, en ce sens qu'elle
pense pendant tout le temps qu'elle dure : car
sa durée n'étant que la succession de ses pensées, il y auroit contradiction qu'elle durât
sans penser. Elle pense même toujours, en ce
sens qu'elle pense pendant que les autres choses durent. En effet, si la perception qu'elle
éprouve, quand le corps s'assoupit, & celle
qu'elle a au moment où les sens rentrent en
action, se suivent si immédiatement qu'elles
coëxistent à toute la succession du corps, depuis l'instant où l'on s'endort, jusqu'à celui ou
l'on s'éveille ; elle pense, sans que la durée
de son corps mette aucune interruption à ses
pensées, & par conséquent elle pense toujours.
Mais si par penser toujours on entend que le
nombre des perceptions qui se succédent en
elle, soit égal à celui des instants de la durée de son corps, elle ne pense pas toujours,
par la raison qu'elle a une durée toute différente.

Quoi qu'il en soit, nous pouvons au moins
conclure que nous ne savons pas ce qu'est la
durée en elle-même.

CHAPITRE XII.

De l'idée qu'on a cru se faire de l'in-fini.

QUAND on travaille sur les connoissances humaines, on a plus d'erreurs à détruire que de vérités à établir. Heureusement la plupart des opinions des philosophes tombent d'elles-mêmes, & ne méritent pas qu'on en parle. Nous avons fait voir qu'il n'y a point d'idées innées, & qu'il nous est impossible de connoître la nature des choses. Il nous reste à démontrer que nous n'avons point d'idées de l'infini : cette erreur a encore des partisans, qu'on ne peut pas se flatter de convaincre, parce que les hommes sont trop peu capables de raisonner contre ce qu'ils croient. Mais on peut garantir des préjugés ceux qui n'ont point encore embrassé de sentiment. Si cela est, il ne faut que du temps, & les erreurs passeront avec ceux qui les défendent.

Les nombres ne font que la fuite des collections formées par la multiplication de l'unité, & fixées dans l'efprit par des fignes imaginés avec ordre ; & nous n'en avons des
idées qu'autant que nous pouvons par degrés
nous élever jufqu'aux plus compofés, & redef-
cendre jufqu'aux plus fimples.

Mais pour acquérir ces idées, il n'eft pas néceffaire, comme on le prétend, de fuppofer
en nous l'idée d'un nombre infini, qui foit
comme un fond inépuifable, d'où l'efprit tire
chaque nombre particulier, il fuffit de fuppofer que nous fommes capables de nous faire
l'idée de l'unité, de l'ajouter à elle-même &
d'attacher chaque collection à un figne.

En effet, c'eft ainfi que nous formons les
nombres 2, 3, 4, 5, &c. & nous en formons
de plus confidérables, lorfque nous remarquons
que nous pouvons répéter ce que nous avons
fait ; c'eft-à-dire, ajouter encore l'unité, & inventer de nouveaux fignes : car les plus compofés & les plus fimples fe forment tous de
la même maniere.

Mais remarquer que nous pouvons fans ceffe
ajouter l'unité, c'eft remarquer qu'il n'eft point
de nombre qui ne foit fufceptible d'augmenta-
tion, & qui ne le foit fans fin. Nous nous

Pour avoir
l'idée d'un
nombre fini
il n'eft pas né-
ceffaire d'a-
voir l'idée
d'un nombre
infini.

Parce que
nous avons l'i-
dée d'un nom-
bre auquel on
peut toujours

I 4

imaginons bientôt que nous n'en jugeons ainsi, que parce que l'idée de l'infini nous est présente. Cependant qu'on ajoute sans cesse des unités les unes aux autres, parviendra-t-on jamais à pouvoir dire, *voilà le nombre infini*, comme on parvient à dire, *voilà celui de mille*.

De deux conditions nécessaires pour se former les idées des nombres, nous n'en remplissons qu'une, pour nous faire l'idée prétendue de l'infini : je veux dire que n'ayant pas ajouté successivement les unes aux autres toutes les unités qu'il devroit renfermer, parce que la chose est impossible, nous lui avons seulement donné un nom. Mais par-là nous sommes dans le même cas qu'un homme, qui, n'ayant encore appris à compter que jusqu'à vingt, répéteroit d'après nous le signe *mille*.

Si l'on fait attention que nous ne nous représentons les grands nombres que très imparfaitement ; que notre réflexion n'en sauroit embrasser distinctement toutes les parties, que nous sommes obligés de les rappeller chacun à l'unité ; & que nous ne parvenons à nous en faire une idée même vague, qu'après avoir donné des noms à toutes les collections qui les précédent, comment s'imaginera-t-on qu'il nous foit poffible d'avoir une idée de l'infini ?

Cependant les philofophes voient l'infini par-tout : ils le voient dans chaque portion de matiere, dans chaque partie de l'efpace, dans chaque inftant de la durée; & les contradictions où ils tombent ne les font pas revenir fur eux-mêmes. Il eft vrai qu'en rejettant l'idée de l'infini, nous n'en connoiffons pas mieux toutes ces chofes : mais nous évitons beaucoup de mauvais raifonnements, & nous avouons notre ignorance.

Les philofophes voient l'infini partout.

Quand je divife & fubdivife une grandeur, jufqu'à ce qu'enfin fes parties échappent à mes fens, il eft certain qu'elles échapperoient encore à ma réflexion, fi je ne fuppléois au défaut des fens par quelque moyen propre à m'en conferver les idées. Ce moyen ne peut m'être fourni que par l'imagination qui me repréfentant les parties que je ne vois pas fur le modele de celles que je vois, me les fait juger également étendues & divifibles.

Comment nous imaginons que la matiere eft divifible à l'infini.

Si je continue de fubdivifer, l'imagination viendra encore à mon fecours. Je me repréfenterai donc toujours de l'étendue & de la divifibilité, & je ferai tenté de conclure que chaque portion de grandeur eſt diviſible à l'infini, & renferme une infinité de parties.

Nous n'en pouvons pas conclure qu' elle le ſoit.

Mais cette concluſion ſeroit ſans fondement. Car je n'ai formé qu'une ſuite de jugements, qui proviennent, non de ce qu'en effet j'apperçois que chaque partie de matiere eſt réellement étendue & diviſible, mais de ce que je ſuis obligé d'imaginer celles qui ſont inſenſibles ſur le modele de celles qui me frapent les ſens. Or, qui peut me répondre que la nature eſt telle que je l'imagine. Qu'on ne m'oppoſe pas les démonſtrations des géometres ſur la diviſibilité de la matiere à l'infini : car ce n'eſt pas la matiere qui eſt l'objet de la géométrie, c'eſt une grandeur tout-à-fait imaginaire, & la géométrie de l'infini ſe reſſent ſouvent des erreurs de la métaphyſique.

CHAPITRE XIII.

Des idées simples & des idées complexes.

J'APPELLE idée complexe la réunion ou la collection de plusieurs perceptions, & idée simple une perception considérée toute seule.

Toute perception est une idée simple.

Quoique nos perceptions soient susceptibles de plus ou moins de vivacité, on auroit tort de s'imaginer que chacune soit composée de plusieurs autres. Fondez ensemble des couleurs qui ne différent que parce qu'elles ne sont pas également vives, elles ne produiront qu'une seule perception.

Il est vrai qu'on regarde comme différents degrés d'une même perception toutes celles qui ont des rapports moins éloignés. Mais c'est que faute d'avoir autant de noms que de perceptions, on a été obligé de rappeller celle-ci à certaines classes. Prises à part, il n'y en a point qui ne soit simple. Comment décomposer, par exemple, celle qu'occasionne la blancheur de la neige? Y distinguera-t-on plusieurs autres blancheurs dont elle se soit formée?

Toutes les opérations de l'ame, considérées dans leur origine, sont également simples; car chacune n'est alors qu'une perception. Mais ensuite elles se combinent pour agir de concert, & forment des opérations composées. Cela paroît sensiblement dans ce qu'on appelle *pénétration*, *discernement*, *sagacité*, &c.

Outre les idées qui sont réellement simples, on regarde souvent comme telle une collection de plusieurs perceptions, lorsqu'on la rapporte à une collection plus grande dont elle fait partie. Il n'y a même point de notion, quelque composée qu'elle soit, qu'on ne puisse considérer comme simple, en lui attachant l'idée de l'unité.

Différentes espèces d'idées complexes. Parmi les idées complexes, les unes sont composées de perceptions différentes, telle est celle d'un corps; les autres le sont de perceptions uniformes, ou plutôt elles ne sont qu'une même perception répétée. Tantôt le nombre

n'en eft point déterminé ; telle eft l'idée abftraite de l'étendue : tantôt il eft déterminé, le
pied, par exemple, eft la perception d'un pouce
pris douze fois.

Quant aux notions qui fe forment de perceptions différentes, il y en a de deux fortes:
celles des fubftances & celles des êtres moraux.
Afin que les premieres foient utiles, il faut
qu'elles foient faites fur le modele des fubftances, & qu'elles ne repréfentent que les propriétés qui y font renfermées. Dans les autres on
fe conduit tout différemment. Il ne feroit pas
raifonnable d'attendre d'avoir vu des actions &
des habitudes de toute efpece, pour s'en former des notions, & pour en faire différentes
claffes. Nous fommes donc obligés de raffem-
bler & de combiner, fous un certain nombre de
mots, les idées fimples dont elles peuvent fe
compofer. Ces collections, une fois déterminées,
font autant de modeles auxquels nous compa-
rons les actions particulieres, & d'après lefquels
nous jugeons du caractere & de la conduite
de chaque homme. Telles font les notions de
*vertu, vice, courage, lâcheté, probité, gloi-
re*, &c.

Puifque les idées fimples ne font que nos
propres perceptions, le feul moyen de les con-

Comment
on connoît les

idées simples. noître, c'est de réfléchir fur ce qu'on éprouve à la vue des objets.

Il en est de même de ces idées complexes qui ne font qu'une répétition indéterminée d'une même perception. Il suffit, par exemple, pour avoir l'idée abstraite de l'étendue, d'en confidérer la perception, fans en confidérer aucune partie déterminée, comme répétée un certain nombre de fois. Mais les idées complexes, proprement dites, font formées de perceptions différentes, ou d'une même perception répétée d'une maniere déterminée.

Pour connoî-tre les idées complexes, il les faut ana-lyfer. On ne peut bien connoître ces dernieres idées complexes, qu'en les analyfant, c'est-à-dire, qu'il faut les réduire aux idées fimples dont elles ont été compofées, & fuivre les progrès de leur génération. C'est ainfi que nous nous fommes formé la notion de l'en-tendement. Jufques ici aucun philofophe n'a fu que cette méthode pût être pratiquée en mé-taphyfique. Les moyens dont ils fe font fer-vis pour y fuppléer, n'ont fait qu'augmenter la confufion, & multiplier les difputes.

Inutilité des définitions que donnent De-là on peut conclure l'inutilité des défini-tions, c'est-à-dire, de ces propofitions où l'on veut expliquer les propriétés des chofes par un

genre & par une différence. 1.° L'usage en est
impossible, quand il s'agit des idées simples.
Locke l'a fait voir (*), & il est assez singu-
lier qu'il soit le premier qui l'ait remarqué.
Les philosophes qui sont venus avant lui, ne
sachant pas discerner les idées qu'il falloit définir de celles qui ne devoient pas l'être, qu'on
juge de la confusion qui se trouve dans leurs
écrits. Les Cartésiens n'ignoroient pas qu'il y a
des idées plus claires que toutes les définitions
qu'on en peut donner : mais ils n'en savoient
pas la raison, quelque facile qu'elle paroisse à
appercevoir. Ainsi ils font bien des efforts pour
définir des idées fort simples, tandis qu'ils jugent inutile d'en définir de fort composées.
Cela fait voir combien en philosophie le plus
petit pas est difficile à faire.

En second lieu, les définitions sont peu propres à donner une notion exacte des choses
un peu composées. Les meilleures ne valent
pas même une analyse imparfaite. C'est qu'il
y entre toujours quelque chose de gratuit,
ou du moins on n'a point de regles pour s'assurer du contraire. Dans l'analyse on est obligé de suivre la génération même de la chose.

(*) Liv. 3. chap. 4.

Ainsi quand elle sera bien faite, elle réunira infailliblement les suffrages, & par-là terminera les disputes.

Quoique les géometres aient connu cette méthode, ils ne sont pas exempts de reproches. Il leur arrive quelquefois de ne pas saisir la vraie génération des choses, & cela dans des occasions, où il n'étoit pas difficile de le faire. On en voit la preuve dès l'entrée de la géométrie. Après avoir dit que le point est *ce qui se termine soi-même de toutes parts, ce qui n'a d'autres bornes que soi-même, ou ce qui n'a ni longueur, ni largeur, ni profondeur,* ils le font mouvoir pour engendrer la ligne. Ils font ensuite mouvoir la ligne pour engendrer la surface, & la surface pour engendrer le solide.

Je remarque d'abord qu'ils tombent ici dans le défaut des autres philosophes, c'est de vouloir définir une chose fort simple : défaut qui est une des suites de la synthese qu'ils ont si fort à cœur, & qui demande qu'on définisse tout.

En second lieu, le mot de *borne* dit si nécessairement relation à une chose étendue, qu'il n'est pas possible d'imaginer une chose qui se termine

termine de toutes parts, ou qui n'a d'autres
bornes que soi-même. La privation de toute
longueur, largeur & profondeur, n'est pas non
plus une notion assez facile pour être présentée
la premiere.

En troisieme lieu, on ne sauroit se représenter le mouvement d'un point sans étendue,
& encore moins la trace qu'on suppose qu'il
laisse après lui pour produire la ligne. Quant
à la ligne, on peut bien la concevoir en mouvement, selon la détermination de sa longueur,
mais non pas selon la détermination qui devoit produire la surface; car alors elle est dans
le même cas que le point. On en peut dire
autant de la surface mue pour engendrer le
solide.

On voit bien que les géometres ont eu pour
objet de se conformer à la génération des choses ou à celle des idées : mais ils n'y ont pas
réussi.

On ne peut avoir l'usage des sens, qu'on
n'ait aussitôt l'idée de l'étendue avec toutes ses
dimensions. Celle du solide est donc une des
premieres qu'ils transmettent. Or, prenez un
solide, & considérez-en une extrémité, sans
penser à sa profondeur, vous aurez l'idée d'une

Tom IV. K

L'analyse est beaucoup plus propre à donner des idées.

furface, ou d'une étendue en longueur, & largeur fans profondeur.

Prenez enfuite cette furface, & penfez à fa
longueur fans penfer à fa largeur ; vous aurez
l'idée d'une ligne, ou d'une étendue en longueur fans largeur & fans profondeur.

Enfin, réfléchiffez fur une extrêmité de cette
ligne, fans faire attention à fa longueur, &
vous vous ferez l'idée d'un point ou de ce qu'on
prend en géométrie pour ce qui n'a ni longueur,
ni largeur, ni profondeur.

Par cette voie, vous vous formerez fans efforts les idées de point, de ligne, & de furface. On voit que tout dépend d'étudier l'expérience, afin d'expliquer la génération des
idées dans le même ordre, dans lequel elles fe
font formées. Cette méthode eft fur-tout indif-
penfable, quand il s'agit de notions abftraites:
c'eft le feul moyen de les expliquer avec netteté.

Obfervations
fur les idées
fimples & fur
les idées com-
plexes.

On peut remarquer deux différences effentielles entre les idées fimples & les idées complexes. 1.º L'efprit eft purement paffif dans la
production des premieres : il eft au contraire
actif dans la génération des dernieres. C'eft lui

qui en réunit les idées simples d'après des modeles, ou d'après les différentes vues qui font imaginer des êtres moraux. En un mot, elles ne font que l'ouvrage d'une expérience réfléchie. 2.º Nous n'avons point de mesure pour connoître l'excès d'une idée simple sur une autre : ce qui provient de ce qu'on ne peut les diviser. Il n'en est pas de même des idées complexes : on connoît avec la dernière précision la différence de deux nombres, parce que l'unité qui en est la mesure commune, est toujours égale. On peut encore compter les idées simples des notions complexes, qui, ayant été formées de perceptions différentes, n'ont pas une mesure aussi exacte que l'unité. S'il y a des rapports qu'on ne sauroit apprécie, ce font uniquement ceux des idées simples. Par exemple, on connoît exactement quelles idées on a attachées de plus au mot *or*, qu'à celui de *tombac*, mais on ne peut pas mesurer la différence de la couleur de ces métaux, parce que la perception en est simple & indivisible.

Les idées simples & les idées complexes conviennent en ce qu'on peut également les considérer comme absolues & comme relatives. Elles sont absolues, quand on s'y arrête, & qu'on en fait l'objet de sa réflexion, sans

K 1

les rapporter à d'autres. Mais quand on les considére comme subordonnées les unes aux autres, on les nomme relations.

Avantages des notions des êtres moraux sur les notions des substances.

Les notions des êtres moraux ont deux avantages : le premier, c'est d'être complettes ; ce font des modeles fixes dont l'esprit peut acquérir une connoissance si parfaite, qu'il ne lui en restera plus rien à découvrir. Cela est évident, puisque ces notions ne peuvent renfermer d'autres idées simples que celles que l'esprit a lui-même rassemblées. Le second avantage est une suite du premier ; il consiste en ce que tous les rapports qui font entre-elles peuvent être apperçus : car connoissant toutes les idées simples dont elles font formées, nous en pouvons faire toutes les analyses possibles.

Mais les notions des substances n'ont pas les mêmes avantages. Elles font nécessairement incomplettes, parce que nous les rapportons à des modeles, où nous pouvons tous les jours découvrir de nouvelles propriétés. Par conséquent, nous ne saurions connoître tous les rapports qui font entre deux substances. S'il est louable de chercher par l'expérience à augmenter de plus en plus notre connoissance à cet égard, il est ridicule de se flatter qu'on puisse un jour la rendre parfaite.

Cependant il faut prendre garde qu'elle n'est pas obscure & confuse, comme on se l'imagine; elle n'est que bornée. Il dépend de nous de parler des substances dans la derniere exactitude, pourvu que nous ne comprenions dans nos idées & dans nos expressions, que ce qu'une observation constante nous apprend.

K j

CONCLUSION.

L'AME dans le seul système, où il est permis à la philosophie de l'observer, tient tout des sens auxquels elle est unie : ils sont l'unique source de ses erreurs & de ses connoissances. Parmi les perceptions qu'elle en reçoit, le plus grand nombre passent légérement, ne se montrent que pour disparoître, & ne laissent point de traces après elles. Les autres au contraire font une impression forte, elles tendent chacune à occuper l'ame toute entiere, & lorsqu'elles ne font plus dans les sens, elles restent dans la mémoire.

Cependant celles-là concourent à toutes nos actions : elles déterminent nos mouvements d'habitude, lors même qu'elles se cachent le plus à nous : elles influent particulierement dans notre instinct, & nous obéissons continuellement à leur impression: celles-ci ne produisent rien en nous, que nous ne soyons capables de démêler; l'atten-

tion les fixe, la réflexion les combine, &
elles ouvrent un vaste champ à nos connoiſſances & à notre liberté.

C'eſt par la liaiſon des idées, que tout ce
ſyſtême d'opération, ſe développe : c'eſt par elle
qu'il a des avantages & des inconvénients : elle
eſt tout à la fois le principe de la folie, & celui
de la raiſon.

Tout a ſes abus : combien n'y en a-t-il pas
dans l'uſage des ſignes ; uſage auquel nous devons notre ſupériorité ? Ces abus ſont ſenſibles
dans les idées abſtraites, qu'on réaliſe ; dans
les principes généraux, qu'on s'obſtine à regarder comme l'origine de nos connoiſſances ; &
dans les fauſſes idées qu'on ſe fait de la nature
des êtres. Il ſuffiroit d'apprécier la valeur des
mots pour détruire toutes ces erreurs de la métaphyſique. En effet, à quoi ſe réduiſent toutes
nos connoiſſances ? A des idées ſimples & à
des idées complexes. A des idées ſimples, c'eſt-
à-dire, à des perceptions telles que les ſens les
donnent, & priſes ſéparément des objets où
elles ſe réuniſſent : à des idées complexes,
c'eſt-à-dire, à pluſieurs perceptions raſſem-
blées, pour former un tout ; & il y en a
de deux eſpeces. Les unes ſont deſtinées à
repréſenter les objets ſenſibles : elles ſont

K 4

l'objet de la phyſique , de la chymie, &c.
les autres forment ces notions abſtraites, dont
les mathématiques , la morale & la métaphyſique s'occupent. Envain feroit-on des
efforts pour trouver une autre eſpece d'idée :
les philoſophes qui l'ont tenté , n'ont fait
qu'abuſer des termes.

SECONDE PARTIE.

Des moyens les plus propres à acquérir des connoissances.

CHAPITRE PREMIER.

De la première cause des erreurs.

PLUSIEURS philosophes ont relevé d'une maniere éloquente, grand nombre d'erreurs qu'on attribue aux sens, à l'imagination, & aux passions ; mais on n'a pas recueilli de leurs ouvrages tout le fruit qu'ils s'en étoient promis. Leur théorie trop imparfaite est peu propre à éclairer dans la pratique. L'imagination & les passions se replient de tant de manie-

Il faut remonter à la source de nos erreurs.

res, & dépendent si fort des tempéraments, des temps & des circonstances, qu'il est impossible de dévoiler tous les ressorts qu'elles font jouer, & qu'il est très naturel que chacun se flatte de n'être pas dans le cas de ceux qu'elles égarent.

Semblable à un homme d'un foible tempérament, qui ne releve d'une maladie que pour retomber dans une autre; l'esprit, au lieu de quitter ses erreurs, ne fait souvent qu'en changer. Pour délivrer de toutes ses maladies un homme d'une foible constitution, il faudroit lui faire un tempérament tout nouveau : pour corriger notre esprit de toutes ses foiblesses, il faudroit lui donner de nouvelles vues, &, sans s'arrêter au détail de ses maladies, remonter à leur source même, & la tarir.

Cette source est dans l'habitude de nous servir des mots sans en avoir déterminé les idées.

Nous la trouverons, cette source, dans l'habitude où nous sommes de raisonner sur des choses dont nous n'avons point d'idées, ou dont nous n'avons que des idées peu exactes : car nous nous servons des mots, avant d'en avoir déterminé la signification, & même sans avoir senti le besoin de la déterminer. Voyons quelle est la cause de cette habitude.

Encore enfants, nous sommes d'autant moins capables de réflexion que nous avons peu réfléchi : nous ne sentons pas même le besoin de réfléchir nous-mêmes, parce que ceux qui veillent à notre conservation, réfléchissent pour nous. Cependant les objets font sur nos sens des impressions d'autant plus vives qu'elles sont plus nouvelles. Impatients de connoître tout ce qui nous frappe, notre inquiétude conduit rapidement notre attention d'une chose à une autre. Nous n'observons rien : nous ne savons pas combien il faut observer : nous jugeons à la hâte : nous ne nous rendons aucune raison des jugemens que nous portons : & pourtant nous croyons avoir acquis une connoissance, aussitôt que nous avons fait un jugement. De la sorte, nous nous remplissons de bonne heure d'idées & de maximes, telles que le hasard & une mauvaise éducation les présentent

Parvenus à un âge où l'esprit commence à vouloir mettre plus d'ordre & plus d'exactitude dans ses pensées, nous ne voyons en nous que des jugements, avec lesquels nous sommes familiarisés de tout temps ; & nous continuons par habitude à juger des choses, comme nous avons toujours jugé. La plupart de ceux qui nous entourent, nous entretiennent dans des préjugés qui leur sont com-

Comment nous avons contracté cette habitude.

muns, & que souvent ils nous ont donnés.
Si quelques-uns jugent autrement, ils ne nous
éclairent pas ; ils nous étonnent, ils nous cho-
quent même. Nous avons de la répugnance à
voir comme eux , parce que nous sommes prévenus pour notre maniere de voir ; & nous ne
concevons pas qu'on puisse avoir d'autres idées
que les nôtres , parce que nous n'en avons
jamais eu d'autres nous-mêmes. Comme elles
nous sont familieres , elles nous paroissent
évidentes ; & comme nous ne nous souvenons
pas de les avoir acquises , nous les croyons
nées avec nous. En conséquence , quelque défectueuses qu'elles soient, nous leur donnons
les noms de *lumiere naturelle* , de *principes
gravés* , *imprimés dans l'ame.* Nous nous en
rapportons d'autant plus volontiers à ces idées,
que nous croyons que , si elles nous trom-
poient, Dieu seroit la cause de nos erreurs,
& nous les regardons comme l'unique moyen
qu'il nous ait donné pour arriver à la vérité.
C'est ainsi que des notions , avec lesquelles
nous ne sommes que familiarisés , paroissent
aux philosophes mêmes des principes de la
derniere évidence.

Ce qui accoutume notre esprit à cette inexac-
titude , c'est la maniere dont nous nous formons au langage. Nous n'arrivons à ce qu'on
appelle l'âge de raison , que long-temps après

avoir contracté l'ufage de la parole. Si l'on
excepte les mots deftinés à faire connoître
nos befoins, c'eft ordinairement le hafard qui
nous a donné occafion d'entendre certains fons
plutôt que d'autres, & qui a décidé des idées
que nous leur avons attachées. Pour peu qu'en
réfléchiffant, fur les enfants que nous voyons,
nous nous rappellions l'état par où nous avons
paffé, nous reconnoîtrons qu'il n'y a rien de
moins exact que l'emploi que nous faifions
ordinairement des mots. Cela n'eft pas étonnant : nous entendions des expreffions dont
la fignification, quoique bien déterminée par
l'ufage, étoit fi compofée, que nous n'a-
vions ni affez d'expérience, ni affez de pénétration pour la faifir : nous en entendions
d'autres, qui ne préfentoient jamais deux fois
la même idée, ou qui même étoient tout-
à-fait vuides de fens. Pour juger de l'impoffi-
bilité où nous étions de nous en fervir avec
difcernement, il ne faut que remarquer l'embarras où nous fommes encore fouvent de le
faire.

Cependant l'ufage de joindre les fignes avec
les chofes nous eft devenu fi naturel, quand
nous n'étions pas encore en état de pefer la
valeur des mots, que nous nous fommes accoutumés à rapporter les noms à la réalité
même des objets, & que nous avons cru qu'ils

Comment les erreurs naif-fent de cette habitude.

en expliquoient parfaitement l'essence. On s'est imaginé qu'il y a des idées innées, parce qu'en effet il y en a qui sont les mêmes chez tous les hommes : nous n'aurions pas manqué de juger que notre langage est inné, si nous n'avions su que les autres peuples en parlent de tout différents (*) ; persuadés que les mots expliquent la nature des choses, il semble que dans nos recherches, tous nos efforts ne tendent qu'à trouver de nouvelles expressions. A peine en avons-nous imaginé, que nous croyons avoir acquis de nouvelles connoissances. L'amour propre nous entretient dans cette erreur, parce que nous nous persuadons aisément que nous connoissons les choses, lorsque nous avons long-temps cherché à les connoître, & que nous en avons beaucoup parlé.

Elle est l'unique cause de nos erreurs. En rappellant nos erreurs à l'origine que je viens d'indiquer, on les renferme dans une cause unique, & qui est telle que nous ne

---

(*) Psammiticus, roi d'Egypte, fit élever deux enfants avec défense de prononcer aucune parole devant eux. Le premier mot qu'ils prononcèrent fut *beccos*, qui signifie *pain* en langue phrygienne. De là on conclut que cette langue conservoit des mots de la langue naturelle, & que par conséquent elle étoit la plus ancienne.

saurions nous cacher qu'elle n'ait eu jufqu'ici
beaucoup de part dans nos jugemens. Peut-
être même pourroit-on obliger les philofophes
les plus prévenus, de convenir qu'elle a jeté
les premiers fondemens de leurs fyftêmes : il
ne faudroit que les interroger avec adreffe. En
effet, fi nos paffions occafionnent des erreurs,
c'eft qu'elles abufent d'un principe vague,
d'une expreffion métaphorique & d'un terme
équivoque, pour en faire des applications d'où
nous puiffions déduire les opinions qui nous
flattent. Si nous nous trompons, les principes
vagues, les métaphores, & les équivoques
font donc des caufes antérieures à nos paffions.
Il fuffira, par conféquent, de renoncer à ce
vain langage, pour diffiper tout l'artifice de
l'erreur.

Si l'origine de l'erreur eft dans le défaut
d'idées, ou dans les idées mal déterminées,
celle de la vérité doit être dans des idées bien
déterminées. Les mathématiques en font la
preuve. Sur quelque fujet que nous ayons
des idées exactes ; elles feront toujours fuffifantes pour nous faire difcerner la vérité : fi
au contraire, nous n'en avons pas, nous aurons beau prendre toutes les précautions ima-
ginables, nous confondrons toujours tout. En
un mot, en métaphyfique on marcheroit d'un
pas affuré avec des idées bien déterminées,

Elle nous in-
dique la four-
ce des vraies
connoiffances

& fans ces idées on s'égareroit même en arithmétique.

Mais comment les arithméticiens ont-ils
des idées fi exactes ? C'est que connoiffant de
quelle maniere elles s'engendrent , ils font
toujours en état de les compofer ou de les
décompofer , pour les comparer felon tous
leurs rapports. Ce n'eft qu'en réfléchiffant fur
la génération des nombres, qu'on a trouvé
les regles des combinaifons. Ceux qui n'ont
pas réfléchi fur cette génération, peuvent calculer avec autant de juftefle que les autres ,
parce que les regles font fûres ; mais ne connoiffant pas les raifons fur lefquelles elles font
fondées , ils n'ont point d'idée de ce qu'ils
font, & font incapables de découvrir de nouvelles regles.

Or, dans toutes les fciences, comme en
arithmétique, la vérité ne fe découvre que par
des décompofitions. Si l'on n'y raifonne pas
ordinairement avec la même juftefle , c'eft
qu'on n'a point encore trouvé de regles fûres
pour compofer & décompofer toujours exactement les idées ; ce qui provient de ce qu'on
n'a pas même fu les déterminer. Peut - être
nous fera-t-il poffible d'y fuppléer.

CHAPI-

CHAPITRE II.

De la maniere de déterminer les idées ou leurs noms.

C'EST un avis ufé & généralement reçu, que celui qu'on donne de prendre les mots dans le fens de l'ufage. En effet, il femble d'abord qu'il n'y a pas d'autre moyen, pour fe faire entendre, que de parler comme les autres. Mais fi pour avoir de véritables connoifances, il faut-recommencer fans fe laiffer prévenir en faveur des opinions accréditées; il me paroît que, pour rendre le langage exact, on doit le réformer fans s'affujettir toujours à l'ufage. Il y a bien des erreurs qu'il feroit impoffible de détruire, fi l'on s'obftinoit à parler comme tout le monde. Il faut donc fe faire un langage à foi, fi l'on veut s'exprimer avec une exactitude, dont l'ufage ne donne pas l'exemple.

Pour parler avec exactitude, il ne faut pas s'affujettir à parler toujours comme l'ufage.

Ce n'eft pas que je veuille qu'on fe faffe

Tom. IV. L

une loi d'attacher toujours aux mots des idées toutes différentes de celles qu'ils signifient ordinairement : ce seroit une affectation puérile & ridicule. L'usage est uniforme & constant pour les noms des idées simples & pour ceux de plusieurs notions familieres au commun des hommes ; alors il n'y faut rien changer. Mais lorsqu'il est question des idées complexes qui appartiennent plus particulierement à la métaphysique & à la morale ; il n'y a rien de plus arbitraire, ou même souvent de plus capricieux. C'est ce qui m'a porté à croire, que, pour donner de la clarté & de la précision au langage, il falloit reprendre les matériaux de nos connoissances, & en faire de nouvelles combinaisons sans égard pour celles qui se trouvent faites.

Comment les circonstances peuvent déterminer le sens des mots.

L'usage ne fixe le sens des mots, que par le moyen des circonstances où l'on parle. A la vérité, il semble que ce soit le hasard qui dispose des circonstances : mais si nous savions nous-mêmes les choisir, nous pourrions faire dans toute occasion ce que le hasard nous fait faire dans quelques-unes, c'est à-dire, déterminer exactement la signification des mots. Il n'y a pas d'autre moyen pour donner toujours de la précision au langage, que celui qui lui en a donné toutes les fois qu'il en a eu. Il faudroit donc se mettre d'abord dans des circonstances sensibles, afin de faire des signes pour exprimer les premieres idées qu'on acquerroit par sensation ; & lorsqu'en réfléchissant sur celles-là, on en acquerroit de nouvelles, on feroit de nouveaux noms dont on détermineroit le sens, en plaçant les autres dans les circonstances où l'on se seroit trouvé, & en leur faisant faire les mêmes réflexions qu'on auroit faites. Alors les expressions succéderoient toujours aux idées : elles seroient donc claires & précises, puisqu'elles ne rendroient que ce que chacun auroit sensiblement éprouvé.

En effet, un homme qui commenceroit par se faire un langage à lui-même, & qui ne se proposeroit de s'entretenir avec les autres, qu'après avoir fixé le sens de ses expressions, par des circonstances où il auroit su se placer, ne tomberoit dans aucun des défauts qui nous sont si ordinaires. Les noms des idées simples seroient clairs, parce qu'ils ne signifieroient que ce qu'il appercevroit dans des circonstances choisies : ceux des idées complexes seroient précis, parce qu'ils ne renfermeroient que les idées simples que certaines circonstances réuniroient d'une maniere déterminée. Enfin, quand il voudroit ajouter à ses premieres

L 2

combinaiſons, ou en retrancher quelque choſe, les ſignes qu'il emploieroit, conſerveroient
la clarté des premiers, pourvu que ce qu'il
auroit ajouté ou retranché, ſe trouvât marqué
par de nouvelles circonſtances. S'il vouloit
enſuite faire part aux autres de ce qu'il auroit penſé, il n'auroit qu'à les placer dans les
mêmes points de vue où il s'eſt trouvé lui-
même, lorſqu'il a imaginé les ſignes, & il
les engageroit à lier les mêmes idées que lui
aux mots qu'il auroit choiſis.

Au reſte, quand je parle de faire des mots,
ce n'eſt pas que je veuille qu'on propoſe des
termes tout nouveaux. Ceux qui ſont auto-
riſés par l'uſage, me paroiſſent d'ordinaire ſuf-
fiſants pour parler ſur toutes ſortes de matieres. Ce feroit même nuire à la clarté du langage, que d'inventer, ſur-tout dans les ſciences, des mots ſans néceſſité. Je me ſers donc
de cette façon de parler, *faire des mots*, parce
que je ne voudrois pas qu'on commençât
par expoſer les termes, pour les définir enſuite, comme on fait ordinairement : mais
parce qu'il faudroit qu'après s'être mis dans
des circonſtances où l'on ſentiroit, & où l'on
verroit quelque choſe, on donnât à ce qu'on
ſentiroit & à ce qu'on verroit un nom qu'on
emprunteroit de l'uſage. Ce tour m'a paru

affez naturel, & d'ailleurs plus propre à marquer la différence qui fe trouve entre la maniere dont je voudrois qu'on déterminât la fignification des mots, & les définitions des philofophes.

Je crois qu'il feroit inutile de fe gêner dans le deffein de n'employer que les expreffions accréditées par le langage des favans : peut-être même feroit-il plus avantageux de prendre dans le langage ordinaire les mots dont on auroit befoin. Quoique l'un ne foit pas plus exact que l'autre, je trouve cependant dans celui-ci un vice de moins : c'eft que les gens du monde, n'ayant pas autrement réfléchi fur les objets des fciences, conviendront affez volontiers de leur ignorance & du peu d'exactitude des mots dont ils fe fervent ; les philofophes au contraire, honteux d'avoir médité inutilement, font toujours partifans entêtés des prétendus fruits de leurs veilles.

Les mots dont fe fervent les favans ne font pas les plus faciles à déterminer.

Afin de faire mieux comprendre cette méthode, il faut entrer dans un plus grand détail, & appliquer aux différentes idées ce que nous venons d'expofer d'une maniere générale. Nous commencerons par les noms des idées fimples.

Les noms des idées fimples ont une fignification déterminée.

L 3

L'obfcurité & la confufion viennént de ce qu'en prononçant les mêmes mots, nous croyons nous accorder à exprimer les mêmes idées; quoique d'ordinaire les uns ajoutent à une idée complexe des idées partielles qu'un autre en retranche. De là, il arrive que différentes combinaifons n'ont qu'un même figne, & que les mêmes mots ont dans différentes bouches & fouvent dans la même des acceptions bien différentes. D'ailleurs, comme l'étude des langues, avec quelque peu de foin qu'elle fe faffe, ne laiffe pas de demander quelque réflexion, on coupe court, & on rapporte les fignes à des réalités, dont on n'a point d'idées. Tels font, dans le langage de bien des philofofophes, les termes d'*être*, de *fubftance*, d'*effence*, &c. Il eft évident que ces défauts ne peuvent appartenir qu'aux idées qui font l'ouvrage de l'efprit. Pour la fignification des noms des idées fimples, qui viennent immédiatement des fens, elle eft connue tout-à-la fois; elle ne peut pas avoir pour objet des réalités imaginaires, parce qu'elle fe rapporte immédiatement à de fimples perceptions, qui font en effet dans l'efprit telles qu'elles y paroiffent. Ces fortes de termes ne peuvent donc être obfcurs. Le fens en eft fi bien marqué par toutes les circonftances où nous nous trouvons naturellement, que les enfants

même ne sauroient s'y tromper. Pour peu
qu'ils soient familiarisés avec leur langue, ils
ne confondent point les noms des sensations,
& ils ont des idées aussi claires de ces mots,
*blanc, noir, rouge, mouvement, repos, plaisir,
douleur*, que nous-mêmes. Quant aux opérations de l'ame, ils les distinguent également,
pourvu qu'elles soient simples, & que les circonstances en fassent l'objet de leur réflexion:
on voit par l'usage qu'ils font de ces mots, *oui,
non, je veux, je ne veux pas*, qu'ils en
saisissent la vraie signification.

On m'objectera peut-être qu'il est démontré que les mêmes objets produisent différentes sensations dans différentes personnes; que
nous ne les voyons pas sous les mêmes idées
de grandeur, que nous n'y appercevons pas les
mêmes couleurs, &c.

Je réponds que malgré cela nous nous entendrons toujours suffisamment par rapport au
but qu'on se propose en métaphysique & en
morale. Pour cette derniere, il n'est pas nécessaire de s'assurer, par exemple, que les mêmes châtiments produisent dans tous les hommes les mêmes sentiments de douleur, & que
les mêmes récompenses soient suivies des mêmes sentiments de plaisir. Quelle que soit la

L 4

variété avec laquelle les caufes du plaifir & de la douleur affectent les hommes de différent tempérament, il fuffit que le fens de ces mots *plaifir*, *douleur*, foit fi bien arrêté, que perfonne ne puiffe s'y méprendre. Or les circonftances, où nous nous trouvons tous les jours, ne nous permettent pas de nous tromper dans l'ufage que nous fommes obligés de faire de ces termes.

Pour la métaphyfique, c'eft affez que les fenfations repréfentent de l'étendue, des figures & des couleurs. La variété qui fe trouve entre les fenfations de deux hommes, ne peut occafionner aucune confufion. Que, par exemple, ce que j'appelle *bleu* me paroiffe conftamment ce que d'autres appellent *verd*, & que ce que j'appelle *verd* me paroiffe conftamment ce que d'autres appellent *bleu*; nous nous entendrons auffi bien, quand nous dirons, *les prés fout verds*, *le ciel eft bleu*, que fi, à l'occafion de ces objets, nous avions tous les mêmes fenfations. C'eft qu'alors, nous ne voulons dire autre chofe, finon que le ciel & les prés viennent à notre connoiffance fous des apparences qui entrent dans notre ame par la vue, & que nous nommons *bleues*, *vertes*. Si l'on vouloit faire fignifier à ces mots que nous avons précifément les mêmes fenfations, ces propositions ne deviendroient pas obscures ; mais elles seroient fausses, ou du moins elles ne seroient pas suffisamment fondées pour être regardées comme certaines.

Je crois donc pouvoir conclure que les noms des idées simples, tant ceux des sensations que ceux des opérations de l'ame, peuvent être fort bien déterminés par des circonstances ; puisqu'ils le sont déja si exactement, que les enfants ne s'y trompent pas. Un philosophe doit seulement avoir attention, lorsqu'il s'agit des sensations, d'éviter deux erreurs où les hommes ont coutume de tomber par des jugements précipités : l'une, c'est de croire que les sensations sont dans les objets ; l'autre, dont nous venons de parler, que les mêmes objets produisent dans chacun de nous les mêmes sensations.

Dès que les termes qui sont les signes des idées simples, sont exacts, rien n'empêche qu'on ne détermine ceux qui appartiennent aux autres idées. Il suffit pour cela de fixer le nombre & la qualité des idées simples dont on forme une notion complexe. Ce qui fait qu'on trouve tant d'obstacles à déterminer, dans ces occasions, le sens des noms, & qu'on y laisse souvent beaucoup d'obscurité ; c'est qu'on re-

Comment on peut déterminer la signification des noms des idées complexes.

garde, comme un bon guide, l'ufage dont
on s'eft fait une habitude, & que, fans confidérer s'il eft exact & précis, on veut abfolument s'y conformer. La morale fournit fur-
tout des expreffions fi compofées, & l'ufage,
que nous confultons, s'accorde fi peu avec
lui-même, qu'en voulant parler comme tout
le monde, nous ne pouvons manquer de parler d'une maniere peu exacte, & de tomber
dans bien des contradictions. Un homme qui
s'appliqueroit d'abord à ne confidérer que des
idées fimples, & qui ne les raffembleroit fous
des fignes qu'à mefure qu'il fe familiariferoit
avec elles, ne courroit certainement pas les
mêmes dangers. Les noms des idées les plus
compofées, dont il feroit obligé de fe fervir,
auroient conftamment une fignification déterminée ; parce qu'en choififfant lui-même les
idées fimples qu'il voudroit leur attacher, &
dont il auroit foin de fixer le nombre, il ren-
fermeroit le fens de chaque mot dans des limi-
tes tracées avec la derniere exactitude.

Précaution
qu'il faut
prendre.

Mais fi l'on ne veut renoncer à la vaine
fcience de ceux qui rapportent les mots à des
réalités qu'ils ne connoiffent pas, il eft inutile de penfer à donner de la précifion au langage. L'arithmétique n'eft démontrée dans toutes fes parties, que parce que nous avons une

idée exacte de l'unité, & que par l'art avec lequel nous nous servons des signes, nous déterminons combien de fois l'unité est ajoutée à elle-même dans les nombres les plus composés. Dans d'autres sciences on veut, avec des expressions vagues & obscures, raisonner sur des idées complexes, & en découvrir les rapports. Pour sentir combien cette conduite est peu raisonnable, on n'a qu'à juger où nous en serions, si les hommes avoient pu mettre l'arithmétique dans la confusion où se trouvent la métaphysique & la morale.

Les idées complexes sont l'ouvrage de l'esprit : si elles sont défectueuses, c'est parce que nous les avons mal faites : le seul moyen pour les corriger, c'est de les refaire. Il faut donc reprendre les matériaux de nos connoissances, & les mettre en œuvre, comme s'ils n'avoient pas été employés. Pour y réussir, il est à propos dans les commencements, de n'attacher aux sons, que le plus petit nombre d'idées simples qu'il sera possible, de choisir celles que tout le monde peut appercevoir sans peine, en se plaçant dans les mêmes circonstances que nous; & de n'en ajouter de nouvelles, que quand on se sera familiarisé avec les premieres, & qu'on se trouvera dans des circonstances propres à les faire entrer dans l'es-

Il faut remonter à l'origine des idées complexes.

prit d'une maniere claire & précife. Par-là
on s'accoutumera à joindre aux mots toutes
fortes d'idées fimples, en quelque nombre
qu'elles puiffent être.

Il les faut
refaire avec
beaucoup
d'ordre.
La liaifon des idées avec les fignes eft une
habitude qu'on ne fauroit contracter tout d'un
coup, principalement s'il en réfulte des notions fort compofées. Les enfants ne parvien-
nent que fort tard à avoir de idées précifes des nombres 1000, 10000, &c. Ils ne peuvent les acquérir que par un long & fréquent
ufage, qui leur apprend à multiplier l'unité,
& à fixer chaque collection par des noms
particuliers. Il nous fera également impoffible,
parmi la quantité d'idées complexes qui appartiennent à la métaphyfique & à la morale, de
donner de la précifion aux termes que nous
aurons choifis, fi nous voulons, dès la premiere fois & fans autre précaution les char-
ger d'idées fimples. Il nous arrivera de les
prendre tantôt dans un fens & bientôt après
dans un autre, parce que n'ayant gravé que
fuperficiellement dans notre efprit les collections d'idées, nous y ajouterons ou nous en
retrancherons fouvent quelque chofe, fans nous
en appercevoir. Mais fi nous commençons à
ne lier aux mots que peu d'idées, & fi nous
ne paffons à de plus grandes collections qu'a-

vec beaucoup d'ordre, nous nous accoutumerons à composer nos notions de plus en plus, sans les rendre moins fixes & moins assurées.

Voilà, Monseigneur, la méthode que j'ai suivie dans votre instruction. Au lieu, par exemple, de commencer par exposer les opérations de l'ame, pour les définir ensuite, je me suis appliqué à vous placer dans les circonstances les plus propres à vous en faire remarquer le progrès; & à mesure que vous vous êtes fait des idées qui ajoutoient aux précédentes, je les ai fixées par des noms, en me conformant à l'usage, toutes les fois que je l'ai pu sans inconvénient.

Nous avons deux sortes de notions complexes : les unes sont celles que nous formons sur des modeles ; ce sont celles des substances : les autres sont certaines combinaisons d'idées simples que l'esprit réunit sans avoir de modeles ; ce sont celles des êtres moraux.

Deux sortes d'idées complexes.

Ce seroit se proposer une méthode inutile dans la pratique, & même dangereuse, que de vouloir se faire des notions des substances en rassemblant arbitrairement certai-

Comment nous devons former les idées des substances.

nes idées simples. Ces notions nous repré-
senteroient des substances qui n'existeroient
nulle part, rassembleroient des propriétés qui
ne seroient nulle part rassemblées, sépare-
roient celles qui seroient réunies ; & ce seroit un effet du hasard, si elles se trouvoient
quelquefois conformes à des modeles. Pour
rendre les noms des substances clairs & précis, il faut donc consulter la nature, & ne
leur faire signifier que les idées simples, que
nous observerons exister ensemble.

Il y a encore d'autres idées qui appartiennent aux substances, & qu'on nomme
abstraites. Ce ne sont, comme je vous l'ai
dit bien des fois, que des idées plus ou
moins simples auxquelles nous donnons notre attention, en cessant de penser aux autres idées simples qui coëxistent avec elles.
Si nous cessons de penser à la substance des
corps comme étant actuellement colorée &
figurée, & que nous ne la considérions que
comme quelque chose de mobile, de divisible, d'impénétrable, & d'une étendue indéterminée, nous aurons l'idée de la matiere : idée plus simple que celle des corps,
dont elle n'est qu'une abstraction ; quoiqu'il
ait plu à bien des philosophes de la réaliser. Si ensuite nous cessons de penser à la

mobilité de la matiere, à fa divifibilité &
à fon impénétrabilité, pour ne réfléchir que
fur fon étendue indéterminée; nous nous for-
merons une idée encore plus fimple; c'eft
celle de l'efpace pur. Il en eft de même
de toutes les abftractions: par où il paroît
que les noms des idées les plus abftraites
font auffi faciles à déterminer, que ceux des
fubftances mêmes.

Pour déterminer les notions des êtres moraux, il faut fe conduire tout autrement que
pour celles des fubftances. Les légiflateurs
n'avoient point de modeles, quand ils ont
réuni la premiere fois certaines idées fimples, dont ils ont compofé les loix; & quand
ils ont parlé de plufieurs actions humaines,
avant d'avoir confidéré s'il y en avoit des
exemples quelque part. Les modeles des arts
ne fe font pas non plus trouvés ailleurs que
dans l'efprit des premiers inventeurs. Les
fubftances telles que nous les connoiffons,
ne font que certaines collections de propriétés qu'il ne dépend point de nous d'unir ni
de féparer, & qu'il ne nous importe de
connoître, qu'autant qu'elles exiftent: les
actions des hommes font des combinaifons
qui varient fans ceffe, & dont il eft fouvent de notre intérêt d'avoir des idées, avant

Comment on détermine les notions des êtres moraux.

que nous en ayons vu des modeles. Si nous n'en formions les notions qu'à mesure que l'expérience les feroit venir à notre connoiſſance, ce feroit souvent trop tard. Nous sommes donc obligés de nous y prendre différemment ; ainfi nous réuniſſons, ou féparons à notre choix certaines idées fimples, ou bien nous adoptons les combinaiſons que d'autres ont déja faites.

Lorfque nous formons la notion complexe d'une fubftance, notre deſſein eſt de connoître cette fubftance telle qu'elle eſt : c'eſt-là ce qui détermine le nombre, la qualité & l'ordre des idées fimples, que nous raſſemblons ſous un ſeul mot. Nous devons avoir également un but bien arrêté, toutes les fois que nous formons des notions complexes ſans modele. Il n'y auroit autrement que déſordre & confufion dans la réunion des idées fimples : tout y ſeroit arbitraire, & nous raiſonnerions ſans nous entendre. Repréſentons - nous celui dont l'imagination s'eſt fait pour la premiere fois l'idée d'une montre. Son objet a été que, dans un temps donné, l'aiguille fît une révolution entiere : & c'eſt ſous ce point de vue, qu'il compoſe d'abord en lui - même l'ouvrage qu'il exécute enſuite. Il en eſt de même de tou-

tes

tes les notions complexes : la fin doit toujours déterminer le nombre & la qualité des
idées simples qu'elles renferment. Quand je
prononce, par exemple, le mot *vertu*, je
considère l'homme par rapport à la religion
& à la société ; & en conséquence j'entends
par *vertu* toutes les habitudes, qui nous rendent religieux & citoyens. Voilà un fond
qui appartient toujours à la notion complexe
que je me fais. Mais cette notion suffisamment déterminée en général, ne l'est pas encore pour chaque cas particulier. Elle est fus-
ceptible de différents accessoires suivant les
devoirs de chaque état. Elle varie donc continuellement : elle n'est jamais exactement dans
un cas, ce qu'elle est dans l'autre.

En mathématique & en physique, les
notions ont cet avantage, qu'ayant une fois
été déterminées, elles ne varient plus. Mais,
en morale, elles se transforment de tant de
manieres, qu'il est rare que les hommes sa-
chent les faisir avec précision. Retrouvant
par-tout les mêmes mots, ils s'imaginent
retrouver absolument par-tout les mêmes
idées, & c'est-là une source de mauvais
raisonnements.

Il y a donc cette différence entre les notions des substances & les notions des êtres

Différence
entre les no-

rions des fubf-
tances & les
notions des
êtres moraux. moraux, que nous regardons celles-ci comme des modeles, d'après lesquels nous júgeons des choses ; & que celles-là ne sont que des copies, dont les choses nous ont donné les modeles. Pour la vérité des premieres, il faut que les combinaisons de notre esprit soient conformes à ce qu'on remarque dans les choses : pour la vérité des secondes, il suffit qu'au dehors les combinaisons en puissent être telles quelles sont dans notre esprit. La notion de la justice seroit vraie, quand même on ne trouveroit point d'action juste, parce que sa vérité consiste dans une collection d'idées, qui ne dépend point de ce qui se passe hors de nous. Celle du fer n'est vrai, qu'autant qu'elle est conforme à ce métal, parce qu'il en doit être le modele.

Il ne tient
qu'à nous de
fixer la signifi-
cation des
mots. Par ce détail, il est facile de s'appercevoir qu'il ne tiendra qu'à nous de fixer la signification des noms, parce qu'il dépend de nous de déterminer les idées simples dont nous avons nous-mêmes formé des collections. On conçoit aussi que les autres entreront dans nos pensées, pourvu que nous les mettions dans des circonstances où les mêmes idées simples soient l'objet de leur esprit comme du nôtre ; & où ils soient engagés à les réunir sous les mêmes noms que nous les aurons rassemblées.

Votre expérience, Monseigneur, vous fait connoître les avantages de cette méthode. En effet comment vous êtes vous fait la plupart des idées que vous avez acquises sur les sciences, sur la morale & sur les arts? c'est en considérant successivement les circonstances, où les inventeurs se sont trouvés, & en vous y plaçant vous-même. Ayant réussi par ce moyen, nous réussirons encore: il suffira de continuer à nous conduire avec la même adresse; or cela nous devient tous les jours plus facile.

CHAPITRE III.

De l'art de foutenir & de conduire fon attention & fa réflexion.

L'expérience est sujette à nous tromper. L'expérience est l'habitude de juger par le souvenir de ce qu'on a vu & des jugements qu'on a déja portés. Elle s'acquiert par l'exercice des facultés de l'ame, & elle est aussi nécessaire dans la recherche de la vérité que dans la conduite de la vie.

Mais puisqu'il est de sa nature de nous faire juger d'après ce que nous avons vu & d'après les jugements que nous avons portés, elle doit nous jeter dans bien des erreurs : il suffit que nous ayons souvent vu superficiellement, & jugé précipitamment ; chose fort ordinaire.

Sur-tout dans les choses de Quand il s'agit de régler nos actions, les circonstances nous obligent souvent de recon;

noître que nous manquons d'expérience, ou que celle que nous avons eſt très-fautive : il n'en eſt pas de même quand nous avons à raiſonner ſur des choſes de pure ſpéculation. Alors il eſt très rare, qu'on ſe rende à ſoi-même le témoignage de n'avoir ni aſſez vu, ni aſſez bien vu. Rien n'eſt ſi commun que de juger ſans avoir réfléchi.

Spéculation.

Notre réflexion a deux objets : les ſenſations actuelles, & les ſenſations que nous nous ſouvenons d'avoir eues ; & ces deux choſes s'éclairent mutuellement. Tantôt ce que nous avons éprouvé, nous aide à mieux démêler ce que nous éprouvons ; d'autres fois ce que nous éprouvons, corrige des erreurs où nous ſommes tombés par des jugements précipités.

Notre réflexion s'occupe des ſenſations que nous avons ou de celles que nous avons eues.

Les objets ſenſibles étant fort compoſés, nous ne pouvons les comparer qu'en formant des abſtractions : par-là nous voyons ce qui convient à tous, & ce qui les diſtingue, & nous les diſtribuons en différentes claſſes.

En faiſant des abſtractions, elle ſe fait des idées intellectuelles.

Or, les idées ne peuvent plus tomber ſous les ſens, lorſqu'elles ſont abſtraites & générales. Nous ne ſaurions voir un corps en gé-

M 3

néral, un arbre en général. Nous ne faurions
même rien imaginer de femblable. Il en eft
de même de toutes les idées fenfibles, lorfqu'on les confidére d'une maniere générale, un
fon en général, une faveur en général.

Les idées ainfi confidérées deviennent intellectuelles: car quoique originairement elles
n'aient été que des fenfations, elles ne font
plus l'objet de la faculté qui fent; elles font
l'objet de la faculté intelligente, c'eft-à-dire, de la faculté qui abftrait, qui compare,
& qui juge.

Nous ne fau-
rions réfléchir
fans nous oc-
cuper de quel-
ques idées in-
tellectuelles.
Notre réflexion peut fe borner aux idées
intellectuelles; car je puis ne réfléchir que
fur des idées abftraites: mais nous ne faurions là borner à des idées fenfibles. Nous
ne réfléchiffons, par exemple, fur la grandeur d'un corps, que parce que nous com-
parons fa grandeur avec celle d'un autre corps.
Dès-lors notre efprit eft donc occupé d'une
idée commune, abftraite & par conféquent
intellectuelle.

Si les idées
intellectuelles
que la mémoi-
re retrace font
mal faites,
C'eft à la mémoire à retracer les idées intellectuelles, puifque c'eft elle qui les conferve. Si elle les rappelle trop lentement,
la réflexion laiffera échapper le moment de

juger, ou elle jugera avec précipitation, & sans avoir fait toutes les comparaisons nécessaires. Si la mémoire manque d'ordre & de netteté, les idées se présenteront comme un tableau confus, où l'on discerne à peine quelques traits; il ne sera pas possible de faire des analyses exactes, & la réflexion ne s'exercera que pour mal juger.

nous jugeons mal.

Il est donc bien important de s'assurer de sa mémoire, & des idées qu'on lui a confiées. Or, pour s'assurer de sa mémoire, il faut l'exercer beaucoup; & pour s'assurer de l'exactitude des idées, dont elle a le dépôt, il faut reprendre nos connoissances à leur origine & en suivre la génération. Voilà ce que nous avons essayé de faire.

Il faut donc s'assurer de la précision des idées que nous confions à notre mémoire.

Quand on est sûr de sa mémoire, & des idées qu'elle rappelle, il ne s'agit plus que de savoir regler sa réflexion: c'est-à-dire, de savoir la fixer, la soutenir, jusqu'à ce qu'on soit convaincu d'avoir bien analysé les objets dont on veut juger.

& alors il ne reste plus qu'à savoir soutenir & conduire sa réflexion.

Nous avons pour cela bien des secours: si les objets sont présents, nous les touchons, nous fixons sur eux la vue, nous les regardons sous toutes les faces, nous pré-

Comment les sens la soutiennent.

M 4

tons l'oreille au bruit qu'ils font, &c. : s'ils
font abfents, la main en trace l'image aux
yeux, l'imagination les colore, la mémoire
rappelle tout ce que nous y avons remarqué, nous en parlons avec nous-mêmes :
par-là les fens, la mémoire, l'imagination concourent à déterminer l'attention
fur un objet ; & tout, jufqu'aux paroles
qu'on prononce, donne des fecours à la réflexion.

Comment ils
la diftrayent. Mais il n'y a pas toujours autant de concert entre nos facultés. Souvent elles nuifent à l'attention, & par conféquent à la
réflexion, par les idées contraires qu'elles
offrent tout-à-coup. Ainfi ce que j'entends, me diftrait malgré moi de ce que je
vois ; & une idée fouvent futile qui s'offre
à mon imagination, m'arrache aux méditations les plus profondes.

Ils ne font
pas un obfta-
cle à la réfle-
xion. Les philofophes méditatifs font tombés
à cette occafion dans une erreur groffiere :
ils ont cru que les fens font un obftacle à la
réflexion. Ils ont vu les diftractions qu'ils
nous donnent, ils n'ont pas vu comment ils
contribuent à nous rendre attentifs.

Qu'on peut nié, Qu'on fe recueille dans le filence & dans

l'obscurité, le plus petit bruit, ou la moin- diter dans le bruit comme dans le silence
dre lueur suffira pour distraire, si l'on est
frappé de l'un ou de l'autre au moment qu'on
ne s'y attendoit point. C'est que les idées
dont on s'occupe, se lient naturellement avec
la situation où l'on se trouve ; & qu'en conséquence les perceptions qui sont contraires
à cette situation, ne peuvent survenir, qu'aussitôt l'ordre des idées ne soit troublé. On
peut remarquer la même chose dans une sup-
position toute différente. Si, pendant le
jour & au milieu du bruit, je réfléchis sur
un objet, ce sera assez pour me donner une
distraction. Que la lumiere ou le bruit cesse
tout-à-coup, dans ce cas, comme dans
le premier, les nouvelles perceptions que j'é-
prouve, sont tout-à-fait contraires à l'état
où j'étois auparavant. L'impression subite,
qui se fait en moi, doit donc encore inter-
rompre la suite de mes idées.

Cette seconde expérience fait voir que la Ce sont les sensations inopinées qui nuisent à la réflexion.
lumiere & le bruit ne sont pas un obstacle
à la réflexion : je crois même qu'il ne faudroit que de l'habitude, pour en tirer de
grands secours. Il n'y a proprement que les
révolutions inopinées, qui puissent nous distraire. Je dis *inopinées* ; car quels que soient
les changements qui se font autour de nous,

s'ils n'offrent rien à quoi nous ne devions
naturellement nous attendre, ils ne font que
nous appliquer plus fortement à l'objet dont
nous voulions nous occuper. Combien de
choses différentes ne rencontre-t-on pas quelquefois dans une même campagne ? Des cô-
teaux abondants, des plaines arides, des ro-
chers qui se perdent dans les nues, des bois
où le bruit & le silence, la lumiere & les
ténebres se succedent alternativement, &c. Cependant les poëtes éprouvent tous les jours
que cette variété les inspire ; c'est qu'étant
liée avec les plus belles idées dont la poé-
sie se pare, elle ne peut manquer de les réveiller. La vue, par exemple, d'un côteau abon-
dant retrace le chant des oiseaux, le mur-
mure des ruisseaux, le bonheur des bergers,
leur vie douce & paisible, leurs amours, leur
constance, leur fidélité, la pureté de leurs
mœurs, &c.

Les sens &
l'imagination
ai ent la réfle-
xion.

L'homme ne pense qu'autant qu'il em-
prunte des secours, soit des objets qui lui
frappent les sens, soit de ceux dont son imagination lui retrace les images ; & cette observation est vraie pour les philosophes comme pour les poëtes. Il est certain que selon
les habitudes que l'esprit s'est faite, il n'y
a rien qui ne puisse nous aider à réfléchir :

c'eſt qu'il n'eſt point d'objets auxquels nous n'ayons le pouvoir de lier nos idées , & qui, par conſéquent, ne ſoient propres a faciliter l'exercice de la mémoire & de l'imagination. Tout conſiſte à ſavoir former ces liaiſons conformément au but qu'on ſe propoſe , & aux circonſtances où on ſe trouve. Avec cette adreſſe , il ne ſera pas néceſſaire d'avoir , comme quelques philoſophes , la précaution de ſe retirer dans des ſolitudes, ou de s'enfermer dans un caveau , pour y méditer à la lueur d'une lampe. Ni le jour, ni les ténebres , ni le bruit, ni le ſilence , rien ne peut mettre obſtacle à l'eſprit d'un homme qui ſait penſer : tout dépend des habitudes qu'on s'eſt faites. Quand il faut peu de choſe pour diſtraire, c'eſt qu'on eſt peu accoutumé à réfléchir.

Continuellement aſſaillis par des idées ſenſibles & par des idées intellectuelles , nous ſommes entraînés des unes aux autres. Tantôt elles nous fixent avec effort ſur l'objet de notre réflexion , tantôt elles nous tranſportent ſur des objets bien différents; & elles produiſent des effets auſſi contraires , ſuivant les rapports qu'elles ont avec la choſe dont nous voulons nous occuper. Il ne faut donc pas plus renoncer aux idées ſenſibles, qu'aux idées

Il s'agit ſeulement d'écarter les idées qui n'ont pas aſſez de rapport avec celles, dont nous voulons nous occuper.

intellectuelles ; & il faut écarter les idées intellectuelles, comme les idées senfibles, lorfqu'elles n'ont point d'analogie avec l'objet de notre réflexion.

En effet, quand on veut réfléchir fur des chofes fenfibles, il eft évident que, s'il y a des fenfations dont il faut fe garantir, il y en a auffi auxquelles on ne fauroit trop fe livrer.

Moyens propres à cet effet. Mais le plus difficile, c'eft de commander à notre imagination. Quelquefois plus nous voulons écarter les idées dont elle traverfe notre réflexion, plus ces idées fe montrent obftinément. Alors il faut emprunter le fecours de toutes nos facultés. Nous regarderons avec effort l'objet que nous voulons étudier, nous le toucherons, nous en défignerons de la main toutes les parties, nous nous dirons à haute voix tout ce que nous y remarquerons. Nous déterminerons encore notre mémoire à nous rappeller de pareils objets, à nous rappeller les impreffions qu'ils ont faites fur nous, les jugements que nous en avons portés : nous écarterons au contraire toutes les chofes fenfibles qui ont quelque rapport avec les idées capables de nous diftraire. Si, après ces moyens, on ne devient pas maître de fon imagination, il ne reſtera plus qu'à attendre qu'elle ſe ralentiſſe d'elle-même.

Le même artifice ſoutient l'attention qu'on veut donner aux idées intellectuelles. Car s'il y a des ſenſations propres à nous diſtraire de pareils objets, il y en a auſſi qui nous y appliquent davantage : telles ſont toutes les ſenſations qui ſont ou qui pourroient être l'origine de ces idées. Auſſi l'imagination nous eſt-elle en pareil cas d'un grand ſecours : elle rend les idées équivalentes à des ſenſations, elle nous préſente ſans ceſſe les tableaux qui ont avec elles la plus grande analogie, & elle empêche que rien ne puiſſe nous diſtraire.

Il n'y a perſonne qui ne tire quelquefois de ſon propre fonds des penſées qu'il ne doit qu'à lui, quoique peut-être elles ne ſoient pas neuves. C'eſt dans ces moments qu'il faut rentrer en ſoi, pour réfléchir ſur tout ce qu'on éprouve. Il faut remarquer les impreſſions qui ſe faiſoient ſur les ſens, la maniere dont l'eſprit étoit affecté, le progrès de ſes idées, en un mot, toutes les circonſtances qui ont pu faire naître une penſée qu'on ne doit qu'à ſa propre réflexion. Si on veut s'obſerver pluſieurs fois de la ſorte, on ne manquera

Il faut s'obſerver, pour apprendre à conduire ſa réflexion.

pas de découvrir quelle est la marche naturelle de son esprit. On connoîtra, par conséquent, les moyens qui sont les plus propres à le faire réfléchir; & même s'il s'est fait quelque habitude contraire à l'exercice de ses opérations, on pourra peu-à-peu l'en corriger.

Les hommes de génie auroient rendu un grand service, s'ils avoient donné l'histoire des progrès de leur esprit.

On reconnoîtroit facilement ses défauts, si on pouvoit remarquer que les plus grands hommes en ont eu de semblables. Les philosophes auroient suppléé à l'impuissance où nous sommes pour la plupart, de nous étudier nous-mêmes, s'ils nous avoient laissé l'histoire des progrès de leur esprit. Descartes l'a fait, & c'est une des grandes obligations que nous lui ayons. Au lieu d'attaquer directement les Scholastiques, il représente le temps où il étoit dans les mêmes préjugés; il ne cache point les obstacles qu'il a eus à surmonter pour s'en dépouiller; il donne les regles d'une méthode beaucoup plus simple qu'aucune de celles qui avoient été en usage jusqu'à lui; & laissant entrevoir les découvertes qu'il croit avoir faites, il prépare par cette adresse les esprits à recevoir les nouvelles opinions qu'il se proposoit d'établir (*). Je crois que cette

_____

(*) Voyez sa méthode.

conduite a eu beaucoup de part à la révolution dont ce philofophe eft l'auteur.

Les mathématiques font la fcience où l'on
connoît le mieux l'art de conduire fa réflexion. Pourquoi les mathématiciens font ceux qui connoiffent le mieux l'art de conduire la réflexion.
Elles doivent cet avantage à la précifion des
idées, à l'exactitude des fignes & à l'enchaî-
nement dans lequel elles préfentent les chofes.

Ceft par-là que les mathématiciens pouf-
fent l'analyfe jufques dans les derniers termes.
Qu'on fache donner de la précifion aux idées,
de l'exactitude aux fignes, & de l'ordre aux
différents objets qu'on a à traiter, il ne fera pas
bien difficile de réfléchir.

CHAPITRE IV.

De l'analyse.

Conditions nécessaires à l'analyse. ANALYSER, c'eſt décompoſer, comparer & ſaiſir les rapports.

Mais l'analyſe ne décompoſe, que pour faire voir, autant qu'il eſt poſſible, l'origine & la génération des choſes. Elle doit donc préſenter les idées parrielles dans le point de vue, où l'on voit ſe reproduire le tout qu'on analyſe. Celui qui décompoſe au haſard, ne fait que des abſtractions : celui qui n'abſtrait pas toutes les qualités d'un objet, ne donne que des analyſes incomplertes : celni qui ne préſente pas ſes idées abſtraites dans l'ordre qui peut facilement faire connoître la génération des objets, fait des analyſes peu inſtructives, & ordinairement fort obſcures. L'analyſe eſt donc la décompoſition entiere d'un objet, & la diſtribution des parties dans l'ordre où la génération devient facile. J'ai ſuivi, Monſeigneur,

cette

cette méthode dans nos leçons ; ainſi , je n'ai pas beſoin de vous en donner des exemples.

L'analyſe eſt le vrai ſecret des découvertes , parce qu'elle tend par ſa nature à nous faire remonter à l'origine des choſes. Elle a cet avantage , qu'elle n'offre jamais que peu d'idées à la fois , & toujours dans la gradation la plus ſimple. Elle eſt ennemie des principes vagues , & de tout ce qui peut être contraire à l'exactitude & à la préciſion. Ce n'eſt point avec le ſecours des propoſitions générales qu'elle cherche la vérité , mais toujours par une eſpece de calcul ; c'eſt-à-dire , en compoſant & décompoſant les notions , juſqu'à ce qu'on les ait comparées ſous tous les rapports favorables aux découvertes qu'on a en vue. Ce n'eſt pas non plus par des définitions , qui d'ordinaire ne font que multiplier les diſputes , c'eſt en expliquant la génération de chaque idée. On voit par-là quelle eſt la ſeule méthode qui puiſſe donner de l'évidence à nos raiſonnements, & par conſéquent la ſeule qu'on doive ſuivre dans la recherche de la vérité.

Avantages de cette méthode.

Tantôt une analyſe eſt complette en elle-même , tantôt elle ne l'eſt que relativement aux connoiſſances que nous avons. Dans le premier cas elle remonte aux qualités primitives , les embraſſe toutes & ne préſuppoſe

Analyſe complette & analyſe incomplette.

Tom. IV.   N

rien. Dans le fecond, elle eft véritablement incomplette : elle s'arrête aux qualités fecondaires, aux effets que nous découvrons, aux phénomenes, & elle ne peut nous rapprocher des principes.

Le géometre donne des exemples d'analyses complettes en elles mêmes, toutes les fois qu'il détermine le nombre & la grandeur des angles & des côtés d'une figure. Il eft évident que ces analyfes ne préfuppofent rien ; car une figure ne fauroit avoir autre chofe que des angles & des côtés.

En phyfique, au contraire, les analyfes ne font complettes que relativement aux découvertes que nous avons faites. En vain décompofe-t on toutes les qualités qui tombent fous nos fens ; il faut néceffairement qu'il en échappe, & il en échappera toujours. Des inftruments fuppléent à la foibleffe de nos organes, & paroiffent nous découvrir un nouveau monde : mais dans le vrai ce ne font que de nouvelles décorations qu'ils font paffer devant nous, & la nature refte cachée derriere un voile qui ne fe leve jamais. D'ailleurs l'art ne peut découvrir que des qualités analogues à celles que nous connoiffons déja ; & un microfcope ne feroit pas plus inutile à des aveugles, qu'à nous un inftrument propre à faire appercevoir des qualités pour lesquelles il faudroit d'autres sens que les nôtres.

Quand nos analyses sont en elles-mêmes complettes, nous avons des connoissances absolues, c'est-à-dire, que nous savons ce que les choses sont en elles-mêmes. Nous savons, par exemple, qu'un triangle est composé de trois côtés. En pareil cas nous connoissons la nature des choses.

Les analyses complettes nous donnent des connoissances absolues.

Nous n'avons que des connoissances relatives à nous, nous savons seulement ce que les êtres sont à notre égard, lorsque les analyses ne sont pas complettes en elles-mêmes. Telles sont toutes les notions que nous nous formons des objets sensibles. Quand je fais, par exemple, l'énumération de toutes les qualités qu'on a découvertes dans l'or, je donne une analyse qui n'est complette que par rapport aux connoissances qu'on a acquises sur ce métal : mais je n'en connois pas mieux ce qu'il est en lui-même. En pareil cas l'analyse ne sauroit pénétrer dans la nature des êtres.

Les analyses incomplettes nous donnent des connoissances relatives.

L'analyse des facultés de l'ame est complette, si nous nous contentons de remonter jusqu'aux sensations simples, jusqu'aux sensations déga-

L'analyse fait connoître les facultés de l'a-

N 2

me & leur gé-
nération.

gées de tout jugement : mais elle eſt incomplette, ſi nous voulons pénétrer dans la nature de l'être ſentant. Cette méthode ne nous
permet pas de croire long-temps que nous
ſoyons faits pour de pareilles recherches; elle
nous fait bientôt appercevoir des idées qui nous
manquent, & elle nous garantit de tous les
mauvais raiſonnements que la ſyntheſe fait faire
aux philoſophes.

C'eſt déja un avantage : elle en a encore
un autre, celui de mener à des découvertes:
car les facultés de l'ame étant une fois bien
analyſées, il ne reſte plus qu'à faire des com-
paraiſons pour connoître les rapports qui ſont
entre elles, & la maniere dont elles naiſſent
d'un même principe. Pourquoi cette vérité,
*le jugement, la réflexion, les paſſions, toutes
les facultés de l'ame ne ſont que la ſenſation
transformée,* a-t-elle échappé à Locke & à
tous les métaphyſiciens ? C'eſt qu'aucun n'a
connu cette analyſe rigoureuſe dont nous faiſons uſage.

Si on ne ſait
pas analyſer,
on raiſonne
ſans clarté &
ſans préciſion.

Pour raiſonner ſans clarté & ſans préciſion,
il ſuffit de s'être embarraſſé dans une idée
vague, dont on n'a pas ſu faire l'analyſe. Alors
on eſt arrêté au moment qu'on auroit pu faire
une découverte, & on répand ſur les vérités
connues une obſcurité qui permet rarement

de les démontrer. Les métaphysiciens en donnent des exemples, lorsque peu délicats sur le choix des preuves, ils accumulent l'un sur l'autre de mauvais raisonnements, disant toujours, *cela est évident*, lorsque leurs propositions sont absurdes, ou probables tout au plus, avançant, comme incontestable, tout ce qu'ils pensent, regardant, comme incompréhensible, tout ce qu'ils n'ont pas imaginé; rêvant qu'ils voient la lumiere, & se croyant faits pour la montrer.

On raisonne donc au hasard, quand on ne sait pas analyser; car alors on ne peut reconnoître l'évidence, ni en distinguer les différentes especes, ni, lorsqu'elle manque, déterminer les différents degrés de certitude dont les choses sont susceptibles : on donne des principes vagues pour des idées; des définitions de mot, pour des essences; & des discours confus, pour des démonstrations.

Il n'est pas toujours possible à l'analyse d'apprécier tous les rapports. Par exemple, comment déterminer entre des couleurs les degrés de différence ou de ressemblance? Comment les déterminer entre des saveurs, des odeurs, entre des qualités tactiles, telles que le chaud, le froid, la dureté, la mollesse, &c. Comment les déterminer entre toutes les idées qu'on

Il y a des rapports que l'analyse ne peut pas apprécier.

N 3

peut comprendre fous les termes généraux de *plaifir* & de *douleur*. Ce font-là des fenfations fimples qu'on ne peut ni divifer, ni mefurer. L'oreille même n'eft parvenue à marquer avec précifion les intervalles des fons, que parce que d'autres fens ont mefuré les corps fonores.

En quoi con-fifte la force des démonf-trations ma-thématiques. Les mathématiques paffent pour la fcience la mieux démontrée, non qu'il ne foit poffible aux autres fciences de donner d'auffi bonnes démonftrations, mais parce qu'elle eft appuyée fur des principes plus fenfibles, & fur des idées qui font naturellement déterminées. Quand, pour s'élever dans l'infini, elle perd de vue ces principes & ces idées, elle devient incertaine, & elle s'égare fouvent dans des paralogifmes. Ce qui lui eft encore favorable, c'eft qu'aucun préjugé ne nous intéreffe à nous refufer à fes démonftrations; & que lorfque le commun des hommes ne la peut pas fuivre dans fes fpéculations, tout le monde s'accorde à en juger fur le témoignage des géometres.

Méprife à ce fujet. Comme il eft bien plus difficile de juger de la force des démonftrations par la feule comparaifon des idées, que par la forme fenfible qu'elles prennent conftamment dans le difcours; on s'eft fait une habitude de juger qu'il y a démonftration par-tout, où l'on trouve la forme dont les géometres fe fervent, & qu'il n'y en a point-là où cette forme ne fe trouve pas. De là il eft arrivé que les uns ont dit, *il n'y a démonftration qu'en mathématiques,* & que d'autres, ayant fait bien des efforts pour tranfporter dans la théologie, dans la morale & ailleurs tout ce qu'ils ont pu de la forme géométrique, fe font imaginés faire des démonftrations.

Mais fi, n'ayant aucun égard aux formes, qui dans le vrai ne font rien à l'évidence, nous ne confidérons que les idées, nous reconnoîtrons que l'identité qui fait feule en mathématiques la force des démonftrations, donne auffi des démonftrations dans les autres fciences : c'eft aux efprits juftes, fans prévention & capables d'une attention foutenue, qu'il appartient d'en juger.

N 4

CHAPITRE V.

De l'ordre qu'on doit suivre dans la recherche de la vérité.

La même mé-
thode qui a
conduit à une
découverte,
peut conduire
à d'autres.
Il me semble qu'une méthode qui a conduit à une vérité, peut conduire à une seconde, & que la meilleure doit être la même pour toutes les sciences. Il suffiroit donc de réfléchir sur les découvertes qui ont été faites, pour apprendre à en faire de nouvellles : les plus simples feroient les plus propres à cet effet parce qu'on remarqueroit avec moins de peine les moyens qui ont été mis en usage. Je prendrai pour exemple les notions élémentaires de l'arithmétique, & je suppose que nous fussions dans le cas de les acquérir pour la premiere fois.

Méthode qui
suffit en a-
rithmétique.
Nous commencerions sans doute par nous faire l'idée de l'unité, &, l'ajoutant plusieurs fois à elle-même, nous en formerions des col-

lections que nous fixerions par des signes. Nous
répéterions cette opération, & par ce moyen
nous aurions bientôt sur les nombres autant
d'idées complexes, que nous souhaiterions
d'en avoir. Nous réfléchirions ensuite sur la
manière dont elles se font formées, nous en
observerions les progrès, & nous apprendrions
infailliblement les moyens de les décomposer. Dès-lors nous pourrions comparer les plus
complexes avec les plus simples, & découvrir
les propriétés des unes & des autres.

Dans cette méthode, les opérations de l'esprit n'auroient pour objet que des idées simples ou des idées complexes que nous aurions formées, & dont nous connoîtrions
parfaitement la génération. Nous ne trouverions donc point d'obstacle à découvrir les premiers rapports des grandeurs. Ceux-là connus,
nous verrions plus facilement ceux qui les
suivent immédiatement, & qui ne manque-
roient pas de nous en faire appercevoir d'autres. Ainsi, après avoir commencé par les plus
simples, nous nous éléverions insensiblement
aux plus composés; & nous nous ferions une
suite des connoissances qui dépendroient si fort
les unes des autres, qu'on ne pourroit arriver
aux plus éloignées que par celles qui les auroient précédées.

Les autres ſciences, qui ſont également
à la portée de l'eſprit humain, n'ont pour
principes que des idées ſimples qui nous
viennent par ſenſation. Pour en acquérir
des notions complexes, nous n'avons, comme dans les mathématiques, d'autre moyen,
que de réunir les idées ſimples en différentes collections. Il y faut donc ſuivre le
même ordre dans les idées, & apporter la même précaution dans le choix des
ſignes.

Bien des préjugés s'oppoſent à cette conduite : mais voici le moyen que j'imagine pour
s'en garantir.

C'eſt dans l'enfance que nous nous ſommes imbus des préjugés qui retardent les progrès de nos connoiſſances, & qui nous font
tomber dans l'erreur. Un homme que Dieu
créeroit d'un tempérament mûr, & avec des
organes ſi bien développés, qu'il auroit dès les
premiers inſtants un parfait uſage de la raiſon, ne trouveroit pas dans la recherche de
la vérité les mêmes obſtacles que nous. Il n'in-
venteroit des ſignes qu'à meſure qu'il éprou-
veroit de nouvelles ſenſations, & qu'il feroit
de nouvelles réflexions. Il combineroit ſes
premieres idées ſelon les circonſtances où il ſe

trouveroit ; il fixeroit chaque collection par des noms particuliers; &, quand il voudroit comparer deux notions complexes, il pourroit aifément les analyfer, parce qu'il ne trouveroit point de difficulté à les réduire aux idées fimples dont il les auroit lui-même formées. Ainfi n'imaginant jamais de mots qu'après s'être fait des idées, fes notions feroient toujours exactement déterminées, & fa langue ne feroit point fujette aux obfcurités & aux équivoques des nôtres. Imaginons-nous donc être à la place de cet homme, paffons par toutes les circonftances où il doit fe trouver, voyons avec lui ce qu'il fent, formons les mêmes réflexions, acquérons les mêmes idées, analyfons-les avec le même foin, exprimons-les par de pareils fignes, & faifons-nous, pour ainfi dire, une langue toute nouvelle.

En ne raifonnant, fuivant cette méthode, que fur des idées fimples, ou fur des idées complexes qui feront l'ouvrage de l'efprit, nous aurons deux avantages : le premier, c'eft que, connoiffant la génération des idées fur lefquelles nous méditerons, nous n'avancerons point que nous ne fachions où nous fommes, comment nous y fommes venus, & comment nous pourrions retourner fur nos

Avantages qui en réfulteroient.

pas. Le fecond, c'eft que dans chaque matiere
nous verrons fenfiblement quelles font les
bornes de nos connoiffances; car nous les
trouverons, lorfque les fens cefferont de nous
fournir des idées, & que, par conféquent,
l'efprit ne pourra plus former de notions. Or,
rien ne me paroît plus important que de difcerner les chofes auxquelles nous pouvons
nous appliquer avec fuccès, de celles où nous
ne pouvons qu'échouer. Pour n'en avoir pas
fu faire la différence, les philofophes ont
fouvent perdu à examiner des queftions in-
folubles, un temps qu'ils auroient pu employer à des recherches utiles. On en voit un
exemple dans les efforts qu'ils ont faits
pour expliquer l'effence & la nature des
êtres.

Elle garanti-
ront de bien
des erreurs.
Toutes les vérités fe bornent aux rapports
qui font entre des idées fimples, entre des
idées complexes, & entre une idée fimple
& une idée complexe. Par la méthode que
je propofe, on pourra éviter les erreurs où
l'on tombe dans la recherche des unes & des
autres.

Les idées fimples ne peuvent donner lieu
à aucune méprife. La caufe de nos erreurs
vient de ce qu'obfervant fuperficiellement une

notion , nous ne remarquons pas tout ce
qu'elle renferme , & que par conféquent nous
en retranchons , fans nous en appercevoir,
des idées qui en font des parties effentielles ;
ou de ce que notre imagination , jugeant précipitamment, y fuppofe ce qui n'y eft pas, &
par conféquent nous y fait voir des idées qui
n'en ont jamais fait partie. Or, nous ne pouvons rien retrancher d'une idée fimple ; puifque nous n'y diftinguons point de parties ; &
nous n'y pouvons rien ajouter , tant que nous
la confidérons comme fimple , puifqu'elle per-
droit fa fimplicité.

Ce n'eft que dans l'ufage des notions complexes qu'on pourroit fe tromper, foit en
ajoutant , foit en retranchant quelque chofe
mal à propos. Mais , fi nous les avons faites
avec les précautions que je demande, il fuffira, pour éviter les méprifes, d'en reprendre
la génération ; car par ce moyen nous y verrons ce qu'elles renferment, & rien de plus,
ni de moins. Cela étant , quelques comparai-
fons que nous faffions des idées fimples & des
idées complexes, nous ne leur attribuerons jamais d'autres rapports que ceux qui leur appartiennent.

Les philofophes ne font des raifonnements

plus ne se font rompés, que parce qu'ils ne l'ont pas connue.

si obfcurs & fi confus, que parce qu'ils ne foupçonnent pas qu'il y ait des idées qui foient l'ouvrage de l'efprit; ou que, s'ils le foupçonnent, ils font incapables d'en découvrir la génération. Prévenus que les idées font innées, ou que, telles qu'elles font, elles ont été bien faites; ils croient n'y devoir rien changer, & ils les adoptent avec confiance. Comme on ne peut bien analyfer que les idées qu'on a foi-même formées avec ordre, leurs analyfes font prefque toujours défectueufes. Ils étendent ou reftreignent mal à propos la fignification des mots, ils la changent fans s'en appercevoir, ou même ils rapportent les mots à des notions vagues & à des réalités inintelligibles. Il faut, qu'on me permette de le répéter, il faut donc fe faire une nouvelle combinaifon d'idées; commencer par les plus fimples que les fens tranfmettent; en former des notions complexes, qui, en fe combinant à leur tour, en produiront d'autres, & ainfi de fuite. Pourvu que nous confacrions des noms diftinêts à chaque collection, cette méthode ne peut manquer de nous faire éviter l'erreur.

Le doute de Defcartes eft inutile, & mê-

Defcartes a eu raifon de penfer que, pour arriver à des connoiffances certaines, il falloit commencer par rejeter toutes celles que

nous croyons acquiſes : mais il s'eſt trompé, me impratica-
lorſqu'il a cru qu'il ſuffiſoit pour cela de ble.
les révoquer en doute. Douter ſi deux &
deux ſont quatre, ſi l'homme eſt un animal
raiſonnable, c'eſt avoir des idées de deux, de
quatre, d'homme, d'animal & de raiſonnable. Le doute laiſſe donc ſubſiſter les idées
telles qu'elles ſont ; & nos erreurs, venant de
ce que nos idées ont été mal faites, il ne les
ſauroit prévenir. Il peut pendant un temps
nous faire ſuſpendre nos jugements : mais enfin nous ne ſortirions d'incertitude, qu'en con-
ſultant les idées qu'il n'a pas détruites ; &, par
conſéquent, ſi elles ſont vagues & mal déterminées, elles nous égareront comme auparavant. Le doute de Deſcartes eſt donc inutile.
Chacun peut éprouver par lui même qu'il eſt
encore impraticable : car, ſi l'on compare des
idées familieres & bien déterminées, il n'eſt
pas poſſible de douter des rapports qui ſont
entre elles : telles ſont, par exemple, celles
des nombres.

Si ce philoſophe n'avoit pas été prévenu Les idées que
pour les idées innées, il auroit vu que l'uni- Deſcartes ap-
que moyen de ſe faire un nouveau fond de pelle *ſimples*,
connoiſſances, étoit de détruire les idées mê- celles par où
mes, pour les reprendre à leur origine, c'eſt- il faut com-
à-dire, aux ſenſations. Par-là on peut remar- mencer.

quer une grande différence entre dire avec lui qu'il faut commencer par les chofes les plus fimples, ou fuivant ce qu'il m'en paroît, par les idées les plus fimples que les fens tranf-mettent. Chez lui les chofes les plus fimples font des idées innées, des principes généraux & des notions abftraites, qu'il regarde comme la fource de nos connoiffances. Dans la méthode que je propofe, les idées les plus fimples font les premieres idées particulieres qui nous viennent par fenfation. Ce font les matériaux de nos connoiffances, que nous combinerons felon les circonftances, pour en former des idées complexes & des idées abf-traites, dont l'analyfe nous découvrira les rap-ports. Il faut remarquer que je ne me borne pas à dire qu'on doit commencer par les idées les plus fimples, mais je dis par les idées les plus fimples *que les fens tranfmettent*, ce que j'ajoute afin qu'on ne les confonde pas avec les notions abftraites, ni avec les principes généraux des philofophes. L'idée du folide, par exemple, toute complexe qu'elle eft, eft une des plus fimples qui vien-nent immédiatement des fens. A mefure qu'on la décompofe, on fe forme des idées plus fimples qu'elle, & qui s'éloignent dans la même proportion de celles que les fens tranf-mettent. On la voit diminuer dans la furface,
dans

dans la ligne, & disparoître entierement dans
le point. (*)

Il y a encore une différence entre la méthode de Descartes & celle que j'essaie d'établir. Selon lui, il faut commencer par définir
les choses, & regarder les définitions comme
des principes propres à en faire découvrir les
propriétés. Je crois, au contraire, qu'il faut
commencer par chercher les propriétés, & il
me paroît que c'est avec fondement. Si les
notions que nous sommes capables d'acquérir,
ne sont, comme je l'ai fait voir, que différentes collections d'idées simples que l'expérience nous a fait rassembler sous certains
noms ; il est bien plus naturel de les former,
en cherchant les idées dans le même ordre
que l'expérience les donne, que de commencer par les définitions, pour déduire
ensuite les différentes propriétes des choses.

Par ce détail on voit que l'ordre qu'on
doit suivre dans la recherche de la vérité,
est le même que j'ai déja eu l'occasion d'indiquer en parlant de l'analyse. Il consiste à re-

Il ne faut pas non pluscom-mencer par des défini-tions

L'ordre a lytique est ce-lui des décou-vertes

(*) Je prends les mots de *surface*, *ligne*, *point* dans
le sens des géometres.

monter à l'origine des idées, à en développer
la génération, & à en faire différentes compoli-
tions & décompofitions pour les comparer par
tous les côtés & pour en découvrir tous les
rapports. Je vais dire un mot fur la conduite
qu'il me paroît qu'on doit tenir pour rendre
fon efprit auffi propre aux découvertes qu'il
peut l'être.

CHAPITRE VI.

Comment on peut se rendre propre aux découvertes.

IL faut commencer par se rendre compte des connoissances qu'on a sur la matiere qu'on veut approfondir, en développer la génération, & en déterminer exactement les idées. Pour une vérité qu'on trouve par hasard, & dont on ne peut même s'assurer, on court risque, lorsqu'on n'a que des idées vagues, de tomber dans bien des erreurs.

Toutes ces idées étant bien déterminées, ce sont autant de données, qui, étant comparées entre elles, doivent nécessairement conduire à de nouvelles vérité. Tout consiste à suivre, dans les combinaisons qu'on en fait, la plus grande liaison qui est entr'elles. Quand je veux réfléchir sur un objet, je remarque d'abord que les idées que j'en ai, sont liées avec celles que je n'en ai pas, & que je cher-

Il faut se rendre compte des idées qu'on a.

& les considérer dans le point de vue, où elles doivent avoir la plus grande liaison avec celles qu'on cherche.

O 2

che. J'obferve enfuite que les unes & les autres peuvent fe combiner de bien des manieres , & que, felon que les combinaifons varient, il y a entre les idées plus ou moins
de liaifons. Je puis donc fuppofer une combinaifon où la liaifon eft auffi grande qu'elle
peut l'être ; & plufieurs autres où la liaifon
va en diminuant, enforte qu'elle ceffe enfin
d'être fenfible. Si j'envifage un objet par un
endroit qui n'a point de liaifon fenfible avec
les idées que je cherche, je ne trouverai rien.
Si la liaifon eft légere, je découvrirai peu de
chofe, mes penfées ne me paroîtront que l'effet d'une application violente, ou même du
hafard, & une découverte faite de la forte
me fournira peu de lumiere pour arriver à
d'autres. Mais que je confidére un objet par
le côté qui a le plus de liaifon avec les
idées que je cherche, je découvrirai tout,
l'analyfe fe fera prefque fans effort de ma part,
& à mefure que j'avancerai dans la connoiffance de la vérité, je pourrai obferver jufqu'aux refforts les plus fubtils de mon efprit,
& par-là apprendre l'art de faire de nouvelles
analyfes.

Cette plus
grande liaifon
fe trouve dans
l'ordre de leur
génération.   Toute la difficulté fe borne à favoir comment on doit commencer pour faifir les idées
felon leur plus grande liaifon. Je dis que la
combinaifon où cette liaifon fe rencontre, eft

celle qui se conforme à la génération même
des idées. Il faut par conséquent commencer
par l'idée premiere qui a dû produire toutes
les autres. Venons à un exemple.

Les Scholastiques & les Cartésiens n'ont
connu ni l'origine ni la génération de nos
connoissances : c'est que le principe des idées
innées , & la notion vague de l'entendement ,
d'où ils sont partis, n'ont aucune liaison avec
cette découverte. Locke a mieux réussi, parce qu'il a commencé aux sens ; & il n'a laissé
des choses imparfaites dans son ouvrage ,
que parce qu'il n'a pas développé les premiers
progrès des opérations de l'ame. J'ai essayé
de faire ce que ce philosophe avoit oublié,
& aussitôt j'ai découvert des vérités qui lui
avoient échappé, & j'ai donné une analyse où
je développe l'origine & la génération de toutes nos idées & de toutes nos facultés. J'ai
toujours suivi cette méthode dans les systêmes
que je vous ai expliqués.

Exemple.

Au reste on ne pourra se servir avec succès
de la méthode que je propose , qu'autant que
l'on prendra toutes sortes de précautions ,
afin de n'avancer qu'à mesure qu'on détermi-
nera exactement ses idées. Si on passe trop
légérement sur quelques-unes, on se trouvera
arrêté par des obstacles , qu'on ne vaincra qu'en

Avec quelle précaution on doit avancer dans ses recherches.

O 3

revenant à ſes premieres notions, pour les déterminer mieux qu'on n'avoit fait.

La liaiſon des
idées eſt l'uni-
que cauſe des
progrès de
l'eſprit hu-
main.

Les philoſophes ont ſouvent demandé s'il
y a un premier principe de nos connoiſſances. Les uns n'en ont ſuppoſé qu'un, les autres deux ou même davantage. Je vous ai
ſouvent fait remarquer que le principe de la
liaiſon des idées eſt le plus ſimple, le plus
lumineux, & le plus fécond. Dans le temps
même qu'on n'en remarquoit pas l'influence,
l'eſprit humain lui devoit tous ſes progrès.

CHAPITRE VII.

De l'ordre qu'on doit suivre dans l'exposition de la vérité.

CHACUN sait que l'art ne doit pas paroître dans un ouvrage; mais peut-être ne sait-on pas également que ce n'est qu'à force d'art qu'on peut le cacher. Il y a bien des écrivains qui, pour être plus faciles & plus naturels, croient ne devoir s'assujettir à aucun ordre. Cependant si par la belle nature on entend la nature sans défaut, il est évident qu'on ne doit pas chercher à l'imiter par des négligences, & que l'art ne peut disparoître, que lorsqu'on en a assez pour les éviter.

L'art se cache à force d'art.

Il y a d'autres écrivains qui mettent beaucoup d'ordre dans leurs ouvrages: ils les divisent & subdivisent avec soin, mais on est choqué de l'art qui perce de toutes parts. Plus ils cherchent l'ordre, plus ils sont secs, rebu-

L'ordre naturel à la chose qu'on traite, est celui qu'on doit choisir.

O 4

tants & difficiles à entendre : c'eſt parce qu'ils n'ont pas ſu choiſir celui qui eſt le plus naturel à la matiere qu'ils traitent. S'ils l'euſſent choiſi, ils auroient expoſé leurs penſées d'une maniere ſi claire & ſi ſimple, que le lecteur les eût compriſes trop facilement, pour ſe douter des efforts qu'ils auroient été obligés de faire. Nous ſommes portés à croire les choſes faciles ou difficiles pour les autres, ſelon qu'elles ſont l'un ou l'autre à notre égard ; & nous jugeons naturellement de la peine qu'un écrivain a eue à s'exprimer, par celle que nous avons à l'entendre.

L'ordre naturel à la choſe ne peut jamais nuire. Il en faut juſques dans les ouvrages qui ſont faits dans l'enthouſiaſme, dans une ode, par exemple : non qu'on y doive raiſonner méthodiquement, mais il faut ſe conformer à l'ordre dans lequel s'arrangent les idées qui caractériſent chaque paſſion. Voilà, ce me ſemble, en quoi conſiſte la force & toute la beauté de ce genre de poéſie.

S'il s'agit des ouvrages de raiſonnement, ce n'eſt qu'autant qu'un auteur y met de l'ordre, qu'il peut s'appercevoir des choſes qui ont été oubliées, ou de celles qui n'ont point été approfondies.

L'ordre nous plaît ; la raison m'en paroît bien simple : c'est qu'il rapproche les choses, qu'il les lie, & que, par ce moyen, facilitant l'exercice des opérations de l'ame, il nous met en état de remarquer sans peine les rapports qu'il nous est important d'appercevoir dans les objets qui nous touchent. Notre plaisir doit augmenter à proportion que nous concevons plus facilement les choses, que nous sommes curieux de connoître.

Pourquoi l'ordre plaît.

Le défaut d'ordre plaît aussi quelquefois : cela dépend de certaines situations où l'ame se trouve. Dans ces moments de rêverie où l'esprit trop paresseux pour s'occuper long-temps des mêmes pensées, aime à les voir flotter au hasard ; on se plaira, par exemple, beaucoup plus dans une campagne que dans les plus beaux jardins. C'est que le désordre qui y regne, paroît s'accorder mieux avec celui de nos idées, & qu'il entretient notre rêverie, en nous empêchant de nous arrêter sur une même pensée. Cet état de l'ame est même assez voluptueux, sur-tout lorsqu'on en jouit après un long travail.

Pourquoi le défaut d'ordre plaît quelquefois.

Il y a aussi des situations d'esprit favorables à la lecture des ouvrages qui n'ont point d'ordre. Quelquefois, par exemple, je lis Montaigne avec beaucoup de plaisir, d'autres fois

j'avoue que je ne puis le fupporter. Je ne fais
fi d'autres ont fait la même expérience ; mais,
pour moi, je ne voudrois pas être condamné
à ne lire jamais que de pareils écrivains.
Quoiqu'il en foit, l'ordre a l'avantage de
plaire plus conftamment ; le défaut d'ordre
ne plaît que par intervalles, & il n'y a
point de regles pour en affurer le fuccès.
Montaigne eft donc bien heureux d'avoir
réuffi, & on feroit bien hardi de vouloir
l'imiter.

Ce qu'il faut éviter pour avoir de l'ordre. L'objet de l'ordre, c'eft de faciliter l'intelligence d'un ouvrage. On doit donc évi-
ter les longueurs, parce qu'elles laffent l'efprit ; les digreffions, parce qu'elles le diftraient ; les divifions & les fubdivifions trop
fréquentes, parce qu'elles l'embarraffent ; &
les répétitions, parce qu'elles le fatiguent :
une chofe dite une feule fois, & où elle doit
l'être, eft plus claire, que répétée ailleurs plufieurs fois.

Ce qu'il faudroit faire. Il faut dans l'expofition, comme dans la recherche de la vérité, commencer par les idées
les plus faciles, & qui viennent immédiatement des fens, & s'élever enfuite par degrés
à des idées plus fimples ou plus compofées.
Il me femble que, fi l'on faififfoit bien le progrès des vérités, il feroit inutile de chercher

des raisonnements pour les démontrer, & que ce seroit assez de les énoncer ; car elles se suivroient dans un tel ordre, que ce que l'une ajouteroit à celle qui l'auroit immédiatement précédée, seroit trop simple pour avoir besoin de preuve. De la sorte on arriveroit aux plus compliquées, & l'on s'en assureroit mieux que par toute autre voie. On établiroit même une si grande subordination entre toutes les connoissances qu'on auroit acquises, qu'on pourroit à son gré aller des plus composées aux plus simples, ou des plus simples aux plus composées. A peine pourroit-on les oublier, ou du moins si cela arrivoit, la liaison qui seroit entr'elles, faciliteroit les moyens de les retrouver.

Mais pour exposer la vérité dans l'ordre le plus parfait, il faut avoir remarqué celui dans lequel elle a pu naturellement être trouvée : car la meilleure maniere d'instruire les autres, c'est de les conduire par la route qu'on a dû tenir pour s'instruire soi-meme. Par ce moyen on ne paroîtroit pas tant démontrer des vérités déja découvertes, que faire chercher, & trouver des vérités nouvelles. On ne convaincroit pas seulement le lecteur, mais encore on l'éclaireroit ; & en lui apprenant à faire des découvertes par lui-même, on lui présenteroit la vérité sous les jours les plus

L'ordre dans lequel la vérité doit être exposée, est celui dans lequel elle a été trouvée.

intéreſſants. Enfin on le mettroit en état de
ſe rendre raiſon de toutes ſes démarches : il
ſauroit toujours où il eſt, d'où il vient, où
il va : il pourroit donc juger par lui-même de
la route que ſon guide lui traceroit, & en prendre une plus ſûre, toutes les fois qu'il verroit du danger à le ſuivre.

La nature indi-
que elle-
même cet or-
dre.

La nature indique elle-même l'ordre qu'on
doit tenir dans l'expoſition de la vérité : car
ſi toutes nos connoiſſances viennent des ſens,
il eſt évident que c'eſt aux idées ſenſibles à
préparer l'intelligence des notions abſtraites.
Eſt-il raiſonnable de commencer par l'idée
du poſſible pour venir à celle de l'exiſtence ?
ou par l'idée du point pour paſſer à celle du
ſolide ? Les élémens des ſciences ne ſeront
ſimples & faciles, que quand on aura pris
une méthode toute oppoſée. Si les philoſophes ont de la peine à reconnoître cette vérité, c'eſt parce qu'ils ſe laiſſent prévenir par
un uſage que le temps paroît avoir conſacré.
Cette prévention eſt ſi générale, que je n'au-
rai preſque pour moi que les ignorants : mais
ici les ignorants ſont juges, puiſque c'eſt
pour eux que les élémens ſont faits. Dans
ce genre un chef-d'œuvre aux yeux des ſa-
vants remplit mal ſon objet, ſi nous ne l'en-
tendons pas.

Les géometres même qui devroient mieux connoître les avantages de l'analyse, que les autres philosophes, donnent souvent la préférence à la synthese. Aussi, quand ils sortent de leurs calculs, pour entrer dans des recherches d'une nature différente, on ne leur trouve plus la même clarté, la même précision, ni la même étendue d'esprit. Nous avons quatre métaphysiciens célebres, Descartes, Mallebranche, Leibnitz & Locke. Le dernier est le seul qui ne fût pas géometre ; & de combien n'est-il pas supérieur aux trois autres !

Les philosophes ne lesuivent pas.

Concluons, que si l'analyse est la méthode qu'on doit suivre dans la recherche de la vérité, elle est aussi la méthode dont on doit se servir, pour exposer les découvertes qu'on a faites

De tous les philosophes, le chancelier Bacon est celui qui a le mieux connu la cause de nos erreurs. Il a vu que les idées qui sont l'ouvrage de l'esprit, avoient été mal faites, & que, par conséquent, pour avancer dans la recherche de la vérité, il falloit les refaire. C'est un conseil qu'il répéte souvent. Mais pouvoit-on l'écouter ? Prévenu comme on l'étoit pour le jargon de l'école ou pour les idees innées, ne devoit-on pas

Bacon est le philosophe qui a le mieux connu la cause de nos erreurs.)

traiter de chimérique le projet de renouvel-
ler l'entendement humain ? Bacon propofoit
une méthode trop parfaite, pour être l'auteur d'une révolution. Defcartes devoit mieux
réuffir, foit parce qu'il laiffoit fubfifter une
partie des erreurs, foit parce qu'il ne fem-
bloit quelquefois en détruire, que pour en
fubftituer de plus féduifantes.

Conclufion de cet ouvrage. Dans la premiere partie de cet ouvrage,
nous avons expliqué la génération des idées;
dans la feconde, nous avons fait voir comment on doit conduire fon efprit : c'eft tout
ce que renferme l'art de penfer.

FIN du Tome quatrieme.

www.ingramcontent.com/pod-product-compliance
Lightning Source LLC
Chambersburg PA
CBHW061011280326
41935CB00009B/926